サブカルサラリーマンになろう

108 ways to be a subcultural worker

1人 … はる … 法

スージー鈴木

まえがき

「会社員になっても、サブカルをあきらめない」――これが本書『サブカルサラリーマンになろう』の中心メッセージです。

私が勤めていた会社は、広告代理店だったせいか、私より音楽に詳しい人がたくさんいました。私なんかよりギターが上手い人もごまんと。若手社員だった頃は、そんな先輩の方々に「お前はロックを分かってない！」などと諭されたりしたものです。

でも、私は今、音楽について書いて、たまにテレビに出てギター弾いたりしている。そうしているとき、頭をよぎるのです――「なんであの人たちは、音楽をあきらめてしまったんだろう？」

逆にいえば、私が少しだけ、彼らよりもあきらめの悪い性格だったのでしょう。だから、会社員になってもカルチャーを忘れられなかった。そして自己顕示欲も少しだけ強かったのでしょう。だから管理職になっても恥ずかしげもなく表現活動を続けられた。結果として私は、55歳で早期退職して、フリーの評論家として活動して、音楽について書いたり・しゃべったりしている。成功しているかどうかは微妙だけれど、少なくとも、その選択が正解だったとは強く確信している――。

でも、時代は私の方へとすり寄ってきています。終身雇用が微妙になり、非正規雇用が増えて、勤務形態も自由になって、SNSがこれだけ普及して……。会社員でもカルチャーをあきらめる理由のない時代へ。堂々と表現活動できる時代へ。いや、会社からとがめられても、別アカウントとか作って、コソコソ表現できる時代へ。

先の中心メッセージを補足すると——「会社員をメインにしても、サブとしてのカルチャー生活をあきらめない。そして自ら表現していきたい。できれば、いずれはそれで食えたらいいな」。そんな精神をもった会社員を本書では「サブカルサラリーマン」と呼びます（「マン」といいつつ、もちろん性別は問いません）。「サブカルサラリーマン」——略して「サブサラ」になりましょう。

私の約30年の会社員経験から生み出された、サブサラになるための格言をご紹介していきます。その数は108個。人間の煩悩の数と同じ！　時代的には少し前の広告業界で培われた経験がベースですが、現代の、それも広告から距離のある業界でも、先の精神に共感してくれる人ならば、必ず参考になるはずです。

本書を活かして、いっぱしのサブサラになってください。そしてさらに新しい格言を次から次へと、更新していってください。

さぁ、サブサラになりましょう。私よりも、もっと早く、上手く、そしてお気楽に！

スージー鈴木

CONTENTS

表紙イラスト　メゾンユウダ

第一章

サブサラは、こう考える。

001

サブカルとは「サブライフ」を彩るもの。

年を取ってもカルチャーをあきらめない。

「サブカル」という言葉の定義は難しい。下手なことを言おうものなら、様々な論客が絡んできそうなので、滅多なことは言えません。

私世代の感覚で言えば、「『テレビブロス』的なるもの」という感じなのですが、これも若い方には、なかなか通じにくいはず。

ですが、本書としては、本書なりに定義してみたいと思います――「サブカルとは〝サブライフ〟を形成するカルチャーである」と。会社員をメインの人生（ライフ）とした場合の、もうひとつ（サブ）の人生を彩る、音楽、映画、文学、お笑い……などのカルチャーたち。

長く会社員をしてきましたが、サブライフを捨てる人の何と多いことか。「もう会社員●年目だから、ロックとか言ってる場合じゃないよね」と言い捨てて、カルチャーのアップデートをしなくなる人がいかに多いか。

もったいないと思うんですよね。例えば90年代にユニコーンを聴いていた人なら、彼らの影響下にある若手バンド＝マカロニえんぴつを聴いたら絶対楽しいはずなのですから。

この時代、会社はあなたを守ってくれません。だとしたら人生のすべてを会社に捧げるなんてやめた方がいい。そして若い頃から大好きだったカルチャーの趣味を捨てない方がいい。

そしてある程度の年を取ったら、自分のカルチャー趣味の近辺で、ある程度食えるようになる準備までしておく。それが私のいう理想的なサブサラなのです。今こそ、サブライフを持ちましょう。

002

「マイナー志向」を捨てる。

文化的に開かれた会社員こそがサブサラだ。

この本、タイトルこそ「サブカル」という言葉を使っていますが、本文中では、私（たち）がこよなく愛する音楽、映画、文学、お笑い……の総称として、特別な場合以外は普通に「カルチャー」と表現したいと思います。というのは、「サブカル」という言葉に、私の苦手なある臭気が漂っているから。

一言で言えば「マイナー志向」です。さらにいえば「みんなが知らない●●を知っている俺って、ちょっとかっこいい」みたいな感じです。分かります？

と、半ば他人事のように言っていますが、私も若い頃、こういう感覚を抱えて生きていました。というか、こういう感覚がアイデンティティのようになっている時期すらあったのです。「こんなレコード買《こ》うた俺ってかっこええわな」みたいな選民意識が服を着て歩いていました。

しかし、実際に音楽に接してみると、マイナー志向な＝「サブカル」な音楽よりも、金の匂いがプンプンするようなヒット曲に惹かれてしまう。「分かる奴にだけ分かればいい」という、少数限定に閉じた「サブ」な音楽より、1億人に開かれた「メイン」な音楽の方が、開放的で気持ちいいと感じてしまう。謎なプログレよりも、サザン、達郎、ユーミンやなぁと——。

だとしたら、私自身のカルチャー活動も、「サブ」ではなく「メイン」＝つまり大っぴらにやっていこう、少なくともマイナー志向をアイデンティティにするのなんかはやめよう、そう思ったのです。だって貧乏くさいから。

というわけで、この本でいう「サブサラ」は、「サブ」という2文字に貧乏くさくしがみつかない、文化的に開かれた会社員のことを指すこととします。

003

サブサラの敵は「マッチョ」だと心得る。

あなたはマッチョに対するサブ&カウンター。

それでも「サブカル」という言葉を捨てられないのは、この言葉を会社の中に置いてみると、がぜん積極的な意味を持ち始めるからです。

一般社会では、意味を消失し、単なるマイナー志向の記号になりつつある言葉でも、未だ強烈な持続力を持って鎮座ましましているメインカルチャーを持っている企業文化の中で、積極的なアンチの意味を保持しているのです。

そのメインカルチャーの名前は――「マッチョ」。

直接的には「筋肉質」という意味ですが、転じて、日本の企業文化、企業社会を牛耳る、男性的で圧迫的で、紺のスーツ上下に身を包み、いつも難しい顔して、眉間にシワ寄せて、偉そうにふんぞり返っている感じ……を本書では「マッチョ」と名付けたいと思うのです。

このマッチョに対して「サブカル」は一番遠くにある言葉に聞こえる。遠過ぎて、マッチョに対するいちばんの対義語に聞こえる。だからマッチョな企業文化の対極にいる会社員をサブサラと呼びたいと思うのです。

男性的で圧迫的で紺のスーツ上下のオッサンの命令に対して、中性的で温和な性格を保ちながら、ラフな私服に身を包んで、いつも心にカルチャーを忘れずに、ニコニコしながら、余裕でやり過ごす中堅・若手の会社員＝サブサラに向けて、私の経験を伝えることで、少しでも力になれば――。

マッチョという日本企業のメインカルチャーに対するサブカルチャー、いやカウンターカルチャーを育みたい――そう思いながら、この本を書いたのです。

そう、これを手に取ってくれたあなたはマッチョの敵、なのです。

004

3分野融合で「100人に1人」になる。

まず会社仕事と2つの趣味で1000分の1へ。

3つの分野で100人に1人の才能になると、100の3乗、つまり百万人に1人の才能、つまり日本国内で100人しかいない稀有な才能になっているという話があります。

この話、藤原和博が言い出し、堀江貴文や西野亮廣も引用して盛り上がったらしい。メンツを見る限り、うかつに便乗しない方がいいかと思いつつ……。

それでも、言っていることは個人的にはとてもよく分かるのです。そしてサブサラはこれを目指すべきだろうとも思います。

まず、会社の仕事に関する専門分野で100人に1人の存在になることを目指す。次に好きな趣味の領域で100人に1人の存在を目指す。それをかけ合わせると100の2乗＝1万人に1人になれる。

大切なことは、会社と趣味をパキッと分けず、融合しないと1万人に1人にはなれないということ。具体的にいうと、私が音楽のことを書くときに、他の音楽ライターと同じ土俵ではなく、会社員時代に学んだマーケティングやビジネスの視点を入れることで差別化を心がけている……的な話です。

そして、さらにもう1分野、私の場合だと、野球やら働き方やら、音楽とは別の趣味分野で100人に1人の存在を目指す。こりゃなかなかハードですが、例えばこの本なんかは、そういう目論見のもとで書いています。

働き方話に、会社員時代の経験と音楽の知識を融合したこの本によって、私は日本で100人しかいない稀有な才能になるのを目指しています。いや、まずはその前に、100の2乗＝1万部売れたらいいなぁ。

005

自分の年齢を「もう●歳」と思う。

会社は「まだ●歳」と思わせようとするけれど。

会社という場は、年齢の感覚を麻痺させる空気が充満しています。40を超えて、50を超えても「まだまだ若い」と思わせるような。

もちろん、ちょっとでも立ち止まって冷静に考えれば、「あぁ若い社員が台頭してきているな」とか「このままじゃ昇進の芽はないいな」ということが分かるのですが、そういうことに気付かせない、もしくは気付いても忘れさせる独特のムードがある。

多くの場合、そのムードは上司によって作られます。そりゃそうです。「もう俺は年寄りでダメだ」と部下に思わせたら、彼の労働意欲が下がり、ひいては生産性が下がるのですから。いつでも若々しい気分で、モチベーション高く働いてくれた方がいいに決まっている。

そして、悪魔の言葉――「人生100年時代」が、さらに自分を「まだまだ若い」と思わせる。

でも、あなた自身が「まだまだ若い」と過剰に思い過ぎると、次の人生へのステップが遅れてしまいます。「人生100年時代かぁ。じゃあ定年を65歳に延長しても、セカンドライフは長いよなぁ」なんて悠長なことを思っていたら、取り返しのつかないことになるかもしれません。

「まだ●歳」ではなく「もう●歳」と思いましょう。周囲は決まって「まだまだ●歳じゃないですか」と言います。さらに「●歳にはぜんぜん見えないくらい若いですよ」とお世辞を言ってきます。でも本当は「もう●歳」「●歳だと普通に見えている」のです。自覚しましょう。

006

年齢が1年の中で何月何日かを知る。

「人生100年時代」に騙されず、今をリアルに見る。

会社の中には、かなり年を取っても「俺は同年代よりも若々しい」と思っている（勘違いしている）ベテランが多いような気がします。

というのは、会社という組織においては、年寄りとか、時代に付いていけていないと思われると、仕事が来なくなり、評価が下がる。だから若々しいと思われたい、そして自分でもそう思い込んでいる人が多いのです。

また「人生100年時代」という言葉が、「100年ということは、私はまだ半分しか生きていない若造なんだ」という勘違いを助長する。100歳まで生きられたとしても「健康寿命」は、そのかなり前に終わっている可能性が高いのに。

私が思うのは「会社員も、自分が年寄りだと、もっと素直に認めるべき」ということです。そして、残された時間が少ないことをしっかりと確認して、人生の次のステップに進めばいい。

そこでおすすめしたいのが、自分の一生を1年として、現在が何月何日かを計算することです。そして残された時間を、しっかり認識する。

計算は簡単。仮に計算しやすい数値＝80歳で死ぬとして、私は今57歳。57を80で割ると約71％。つまり私は人生の71％まで進んだということですね。

じゃあ1年365日の71％はというと259。元日から259日といえば「9月16日」――はい、大みそかに死ぬ前提で、私は今「9月16日」だということになります。思ったよりも若い感じがしましたが、それでも秋は深まっていく。何かを始めていないと遅いタイミングだとも言えるでしょう。

さて、あなたは何月何日ですか？　リアルに計算してみましょう。

007

社内のロックンロールの劣化を我慢しない。

会社が息苦しくなってきた時代の中で。

私の周りだけでしょうか。周囲の会社員が異口同音に「社内の雰囲気が、どんどん息苦しくなっている」と言っているのは。

背景には長引く不景気があると思うのです。でも、ただそれだけではないはず。「コンプライアンス」というムーブメント、いやムードが、会社全体に覆いかぶさっていること。これが息苦しさを高めている気がします。

「コンプライアンス」を「法令遵守」と訳すから息苦しい。一糸乱れず一目散に仕事をし続け、終わったら一心不乱に帰宅しなければいけない的な感じ、仕事に対して人間性を自己犠牲にする感じに思えてしまう。

じゃなくって、例えば「会社員としての最低限のルール」ぐらいに構えるのはどうでしょうか。さらにそれは、1人の人間として自由闊達に生きる、さらには表現することを何ら邪魔しないものとして捉える。なぜなら、いきいきと生きることは、いきいきと仕事に向かえることにつながるのだから。

会社の中におけるロックンロールが劣化している時代です。ロックンロール劣化時代を、サブサラはどう生きるか。

言いたいことは、特に50代前後のサブサラにとっては、今が絶好の転身機会かもしれないということです。会社は居心地悪い、自分もいよいよ年取ってきた、目の前にはネットというとんでもない自由空間がある――今でしょ⁉

と、けしかけるマネはあまりしたくはないのですが、会社という大木に、無意識のうちに強くしがみ付いていたその手を、少し緩めていい時代が来ている気がするのですが、どうでしょうか。

008

「ビジネス界に潜入している」と思い込む。

会社の面倒事をネタ化する最強の手段として。

今回は精神論です。会社員である自分を、単なる会社員ではなく「ビジネス界に潜入したサブカル系ルポライター」であるという認識を持てば、会社で発生する少々の面倒事も、フラットに受け入れられるという話。

言い換えると、例えば「テレビブロス」で、会社で起こる様々な面倒事を暴露する連載を持っている気分で会社生活を過ごしなさい、そうすると気分がぐっと楽になりますよというアドバイスです。

「潜入ルポライター」という発想は、私自身で編み出したのではなく、ある意味でサブカル界の首領《どん》である水道橋博士からお借りしたものです。彼は自らのことをよく「芸能界に潜入したルポライター」だと語っています。それを聞いて私は「じゃ俺はビジネス界に潜入しているんだ」と思ったものでした。

目の前で繰り広げられるハラスメント、コンプライアンス違反、自らに降り掛かってくる上司の圧、自尊心を傷つけるあれこれ、さらにはコントのような珍事……。真正面から受け止めると、すぐにへこたれるようなことばかりの会社人生。しかし自らを「暴露連載を持つルポライター」だと思い直すと、あーら不思議。「いいネタ来ちゃったわぁ」と思えてくるのです。

水道橋博士は「芸能界に潜入したルポライター」として、彼の代表作のひとつである『藝人春秋』シリーズ（文藝春秋）を書き上げました。だとしたらあなたは、会社のあんな事こんな事を暴露する連載をまとめた『会社春秋』をいつか書き上げる人なのです。そのためには、会社の面倒事から逃げるのではなく、自ら向かっていくのです。なぜならそれは「取材」なのですから。

009

「二枚目の名刺」を持つ。

漠然とした意識を具体的な行動に変える。

元サブサラとして、強く推奨するのが、会社で配布される名刺に加えて、もう1枚、私用の「二枚目の名刺」を持つことです。

第一の目的は、サブカル仲間を作り、増やすこと。同好の士が周囲に増えると、あなたの「サブライフ」はいよいよ充実することでしょう。

名刺というと「住所や電話番号などの個人情報を知られるのが嫌」と思う人が多いでしょうが、いえいえ、そういう個人情報は、今さら不要でしょう。メールアドレスにＬＩＮＥのＩＤ、ＳＮＳのアカウントだけで十分な時代です。

せっかくなので肩書きも付けちゃいましょう。何でもいいのですが、せっかくなので、カルチャー周辺で、もしかしたら今後、副業になるかもしれない肩書きがいいと思いませんか？

私は一時期「野球音楽評論家」と名乗っていました。かなり奇妙に思われたものですが、その肩書きから始まった野球雑誌の連載が20年以上続いていますから、大したものです。

そして、第二の目的。こちらの方が重要かもしれません。それは、サブカル志向のサブライフへの思いを、名刺というモノに具現化することです。つまり「野球に関する音楽が好きだなぁ」という漠然とした意識を、「野球音楽を仕事にするぞ」という具体的な行動に変えること。

最近では、ネットで安く早く作れるようです。ざっと検索したら１０００枚を約１０００円。作らない手はないと思うのですが。

010

肩書きは、どメジャーかどニッチか。

中途半端がいちばんよくない。

とにかくまずは名刺を作ることが先決なので、そこに載せる肩書きは、何でもいいといえば語弊がありますが、まぁ最初は、適当なものでよいでしょう。

でも、これからしばらく使う覚悟のある肩書きであれば、ある程度、時間をかけて考えておいた方がいいと思います。

肩書きのコンセプトとして、私がおすすめするのは「めっちゃニッチか、めっちゃメジャーかの二者択一」です。つまり、中途半端がいちばんいけない。「ハードロック評論家」だと中途半端と思うのです。それなら「レッド・ツェッペリン評論家」の方がいい。さらには「ジミー・ペイジ評論家」くらいまでいくと、不気味さも増して、かなりいい。少なくとも「ハードロック評論家」よりは、仕事の依頼が来そうな感じがする。

とかいいながら、私は今、どメジャーな「音楽評論家」を名乗っています。ただ、この肩書き、昭和の時代にはウヨウヨいたけれど、最近は「音楽ライター」「音楽ジャーナリスト」の方が目立っています。つまり「音楽評論家」を名乗るのは「一見どメジャーに見えるニッチ」という高等な戦略なのです（笑）。

というわけで、めっちゃニッチか、めっちゃメジャーなものをおすすめしたいのですが、ベスト・オブ・ベストは、そんな二項対立を飛び越えた、異次元の肩書きです。なかなか思い付かないでしょうが。

ですので、実例をひとつだけ紹介しておきましょう。初期の「テレビブロス」で活躍したライター・佐藤カーツが、同誌の連載で確か1回だけ使った肩書き――「セクシャルバイオレッター」。

011

社内でも芸名で通す。

カルチャーな自我の理解促進ツールとして。

「2枚目の名刺」に加えて一考したいのが、その名刺に刷る名前。いわゆる「芸名」を作ることを強くおすすめします。できるだけ早めに。そして、その芸名を、会社外だけでなく社内の「通名」にするのです。

「スージー鈴木」を名乗ったのは大学時代のことでした。88〜89年に、大学生としてFM東京（当時）のある深夜番組を手伝っていたのですが（そういうサブカル学生でした）、突然、私が街頭インタビューをする羽目になり、とっさに付けた芸名がこれだったのです。

博報堂の面接の自己PRに、そのラジオ番組の話を織り込んだので、「スージー鈴木」という芸名も自己PR資料に書き込むこととなり、無事入社後、芸名が人事から社内に広まり、結果、社内でも約30年間「スージー」（後輩からは「スージーさん」）と呼ばれることとなったのです。

芸名で呼ばれる会社員。いいことばかりでしたね。興味持たれるし、親しんでもらえるし、さらにはちょっとサブカルな自我を理解してもらうサポートにもなったし。年を取って出世したらしたで、若者から「スージー部長」「スージー局長」みたいな、敬われているのか、いじられているのか分からないフレーズで呼ばれるのも楽しかったし――。

そしてもちろん、その芸名で社外にも「デビュー」するのです。今すぐ考えた方がいいですね。最近だと、ニセ外人というよりはクリープハイプの「尾崎世界観」みたいな抽象名詞の漢字がいいのではないでしょうか。

私、芸名付けるの好きだし、わりと得意なので、ご相談ください（笑）。

012

「カルチャー系活動フォルダ」を作る。

最初の最初の第一歩として。

会社員時代、やりたくない仕事がありました。それでも何とかやらなければならない。どうするか。

私が試していた方法は「とりあえずちょっとだけ手を付ける」というものです。ちょっと手を付けると、仕事のありようが分かります。思ったより簡単だと分かるときもあれば、こりゃ大変だと思うときもあるのですが、いずれにしても、手を付けると、具体的な手順がイメージできるようになります。

「やりたくない仕事」の「やりたくなさ」「億劫さ」は、その仕事のありようが、具体的にイメージできないことから来る場合が多いのです。

イメージできないから「ぼんやりとした不安」（芥川龍之介！）が高まり、結果「やりたくなさ」も高まる。だから、ちょっとだけ手を付けてみることが有効なのです。さて。あなたがもし、いつかは会社を退職して、カルチャー系活動で食っていきたいと思っているならば、まずはちょっとでも手を付けてみることです。

おすすめするのは、本書にもあるように芸名&名刺作りですが、その前にまずやってみるべきことがあります。

ＰＣのデスクトップに「カルチャー系活動フォルダ」を作るのです。

今すぐできます。無料で出来ます。これが最初の最初の第一歩です。その中に、今後関連資料が少しずつ入れられていくのでしょう。逆に、フォルダを作らなければ、多分何も始まらないでしょう。

今、作りましょう——作りました？

スージー鈴木の

サブサラクロニクル

20代編

サブカルサラリーマンとしていかに生きたか、
スージー鈴木の履歴をたどる

1986年（20歳）　一浪後、早稲田大学政治経済学部に入学。女子目当てでオーケストラサークルに入る。

1987年（21歳）　下宿していた川崎市高津区溝ノ口にあったコンビニ「サンチェーン」で「テレビブロス」の創刊号を見つけてハマる。

1988年（22歳）　FM東京の深夜番組「東京ラジカルミステリーナイト」の学生スタッフ「AUプロジェクト」の募集に応募。ちなみに「スージー鈴木」は収録中、とっさに付けた芸名。

1989年（23歳）　岡村靖幸とユニコーンを聴きながら就職活動。運良く博報堂から内定をいただく。

1990年（24歳）　博報堂に入社。マーケティング局に配属される。入社後すぐにバブル崩壊。

1991年（25歳）　「テレビブロス」の「泉麻人のコラム通信講座」に応募し、２度ほど採用される。またフジテレビの深夜番組『TVブックメーカー』のアイデア出しのバイトを始める。

1992年（26歳）　「テレビブロス」の無署名原稿「ブロス探偵団」執筆陣の一員として参加。3年ほど続けるも採用率が低かったからかクビに。

1994年（28歳）　出始めのインターネットにハマり、早々に個人としての「ホームページ」を作る。

1995年（29歳）　FMヨコハマの「トワイライト・ナビゲーション」という番組で5分ほどのミニコーナーを担当。99年まで続く。

サブサラは、こう働く。

第二章

013

植木等のように働こう、本気で。

マッチョに対する最強の武器は笑顔だ。

「植木等のように働こう」と言っても、若い方にはチンプンカンプンですよね。まず『ニッポン無責任時代』（62年）とか、植木等が笑顔で跳ねて踊りながら、どんどん出世していく映画を検索してみてください。

先に述べたようにサブサラの敵は「マッチョ」なのです。つまり、筋肉質で体育会系で高圧的で、つまりはおっかないオヤジ会社員。

広告代理店という、比較的やわらかい体質でもマッチョが渦巻いていたのですから、もっとお堅い企業だと、さらにマッチョマッチョしているのかも。

私の会社生活を思い出してみれば、ずっとマッチョとの戦いだったような気がします。でも白状すれば、自分にもマッチョ化していた時期があったように思います（肉体的ではなく精神的に）。今となっては、本当に恥ずかしいことだと思います。

では、マッチョ上司や、マッチョな同調圧力に対して、サブサラの細腕でどう戦っていくべきか。方法はいろいろあるでしょうが、まずは笑顔です。ニコニコするのです。バッカみたいに。

というのは、マッチョはなぜかずっと眉間にシワを寄せているのです。マッチョ界では、難しい顔をしていると真面目に仕事している感じがするからでしょう。そんな表面的な仕事観を蹴り飛ばすのは、満面ニッコニコの笑顔です。

スクリーンの中の植木等は笑顔なのになぜ出世したのか。いや、笑顔だからこそ出世したのだ——と信じるところから始めましょう。

014

「時間力」を身に付けよう。

コツは「合格最低点」の見極め。

いつか会社を辞めてフリーとして何かをやろうと考えた場合、会社員時代に身に付けられる武器について自覚的になっておくべきです。

私の思う会社員ならではの武器は「時間力」です。「間に合わせる力」「〆切を守る力」、そして「納品期日を守ることで、適正価格で請求できる力」。

私の見たところ、一概には言えないものの、長い間会社員経験をした人には「時間力」が備わっているような気がします。特に個人ではなくチームプレイが多い会社の出身者で、「時間力」のないチーム員の面倒も見ながら〆切を守るという苦労をしてきた人は、卓越した「時間力」を持っているみたい。

もちろん会社員でも「時間力」が低い人もいますが、正直私は、かなり高かったと思います。結果として残業も、同僚よりかなり少なかった。

コツはあるのか。あります。〆切を守るということは、結局は間に合うようクオリティを下げるということ。ということは〆切を守る「時間力」向上のためには、「合格最低点」を見極めることがコツになるのです。

会社のビジネスって1日でも遅れると限りなく0点になるもの。だとしたら1日遅れの100点よりも、〆切を守った65点の方が選ばれます。ということはつまり「時間力」とは、〆切の逼迫度によって、100点と65点の間で、何点を目標にするかを設定できる能力だと言い換えられるのです。

そもそも会社仕事の多くは、100点を目指していると間に合わないもの。ということは時間内に辿り着ける得点を見極めることが大事。さぁ、まずは「合格最低点」をゲットして、〆切前日にコンサートに行きましょう。

015

18時23分に席を立つ。

行動目標を分刻みで設定する。

平日夜に行われる映画やコンサート、その他カルチャー系のイベントには絶対遅れてはいけない。「遅れる奴なんざ会社の奴隷だよ、こんちくしょう」――という気概を持ってこそのサブサラです。

かくいう私自身も、仕事の関係で、コンサートの開演に何度も遅れたことがあります。コンサートって、チケット代の半分くらいが1曲目の感動に充てられていると思います。つまりはえらい損している気がしてガックリくる。そして、ちょっと大げさに言えば、一生損した気分が続いてしまいます。

そうならないための最強の方法は「行動目標を分刻みで設定する」ことに尽きます。例えば「18時23分に席を立つ」そして「18時32分の千代田線に乗る」ぐらいのリアルさで。

さらには、設定するのも早い方がいい。例えば前日とか。そうすると、人間というのは面白いもので、忙しい忙しいと思いながらも、いざ設定すると、それに向けて1日の予定をどう組み直すかを考え始めるものなのです。「時間ねぇからランチは弁当で、あの会議は明日に回そう」とかね。

「分刻みのスケジュール」というと時間に追われて束縛されるイメージですが、こちらの場合は自ら能動的に時間を刻んで、そして解放されるのです。

逆に「だいたい18時半くらいに席を立とうかなぁ」などと漠然と思っている人は、ほとんどがコンサートの開演に遅れることでしょう。人間とは、そういう生き物なのです。

ほら、あなたの大好きなあのバンドの感動的な登場シーンが観られなくなりますよ。急いで、18時23分に席を立って！

016

メールには即レスする。

熟考すべきテーマの場合、まずはTO DOリストへ。

サブサラたるもの、絶えず労働時間を減らすよう努めるべきです。

では最近の会社で、案外時間を食っているものといえば、それはメールの確認・返信です。会社や業種にもよると思われますが、私が勤めていたときなんて、朝、会社に着いたら、とにかく大量のメールが来ていたものです。

なので、メールは早く返すに限ります。熟考して返信するべき内容もあるでしょうが、少なくとも予定調整関連や「はい＝いいえ」で終わるような内容のメールは即レスする。自分もすっきりするし、もちろん相手もうれしい。

少なくとも「早く返すとヒマに思われる」とか「早く返すのは若者、俺たち中堅は若手の返信を見てから返す」なんて、劇的につまらない自尊心は、捨ててしまいましょう。メールソフトの「削除済みアイテム」に。

では、熟考すべき返信はどう管理するか。「TO DOリスト」に書いておくのです。例えば山本さんという人に（即レスではなく熟考して）返信する仕事を積み残す場合、リストに「山本さんにメールを返す」と書いておく。リストは自分さえ分かればいいので「やまもとめーる」みたいな雑な書き方でOK。

私はグーグルのTO DOリストを使っています。同様のものをお使いの方なら分かると思うのですが、とりあえずリストに書いた瞬間、「『あれをやらなきゃ』という切迫感を脳内だけで抱える心理的ストレス」が、文字という具体にしたことでグッと減るのです。3つくらい書いたら、かなりスッキリ（全然仕事は終わっていないのですが）。

この項も「めーるはやい」という雑な書き方のリストから生まれました。

017

有休予定は早め早めにスケジューラーへ。

スケジューラーは有休消化への神風だ。

有給休暇（有休）はもちろん取るに限ります。有休完全消化に向けて、基本のキは「早めに予定を宣言すること」となります。

さて、ここで有給休暇完全消化連盟に朗報です。ここ数年、有休界に神風が吹いています。その神風とは――スケジューラー（って呼ぶんですかね？　チーム全員が見られる予定管理ソフト）です。

ここからは私の実体験。会社の友人たちと行く定例週末旅行の名称が「ウキウキツアー」だったのです。で、私は、あまり深く考えず「【重要】ウキウキツアー」と書いた予定を、予定日の朝から晩まで、真っ赤な長方形でビシーっと予定を入れたのです。すると、打合せで部下が予定を見て、「スージーさん、この『ウキウキツアー』って、一体何ですか？（笑）」と半笑いで尋ねてくる。「普通の旅行やねん、ごめん、ふざけた名前で」と返したら部下は「『ウキウキツアー』ならしょうがないですね（笑）、僕らでやっときますよ」と言ってくれた。さらに雰囲気も和んで、なんだかいい感じに。

そこで私は思ったのです――「私用」とかの雑な名前ではなく、具体的かつ、ちょっと間抜けな名前の予定の方が、有休を取りやすくなるのではないか？「唐揚げ研究会総会」「『相棒』リアルタイム視聴」「M-1準決勝出場」「プロ野球ドラフト指名待機」……チーム員に「あっちゃー、こりゃしょうがないわな」と思わせるという高等戦略――。

と、今回は一見ふざけた感じになってしまいましたが、早めに、かつ素直に予定を入れて、堂々と有休を取ろう、そういう時代です、という話でした。

018

「うまいこと言う」スキルを鍛える。

打合せを活性化し、早く終えるためにも。

この本を読んでくれている方は「うまいこと言う」のが好き、もしくは得意な方ではないでしょうか。だって、文章を書く力の半分くらいは「うまいこと言う力」ですからね。あとラジオの投稿なんかは、「うまいこと言う」のを競う場なのですから。

よく関西の芸人が「それ、うまいこと言いたいだけやないですか」という言い回しを使いますが、私なんて、まさにそうで、とにかく「うまいこと言う」のが大好きで、その延長で物書きをしているようなものです。

で、この「うまいこと言う」スキルは会社でも活きるのです。企画書とかプレゼンもそうですが、特に打合せで大活躍するのです。

広告業界は、打合せが本当に長かった。広告のコピーとか、何が正解か分からないことを議論するのだから、いきおい打合せは長くなる。そういうときに、うまいこと言ってやるのです。言ってやって、打合せの密度を上げる。

「要するに、渋谷を街ではなくテーマパークと捉えるということですね」
「要するに、このクルマは高速ではなく快速ということですね」
「要するに、同じ安さでも、チープではなくリーズナブルということですね」
「君、うまいこと言うねぇ」となり、そこから議論が活性化して、結果、早く結論が出て早く終わって早く帰れる……そんなことが何度もありました。「うまいこと言うねぇ」——私の好きな言葉です。

というわけであなたの「うまいこと言う」能力を、打合せでも活かしてみましょう。そして鍛えていきましょう。いつかあなたの財産になります。

019

「通話力」を上げて「通話ストレス」を下げる。

緊急対応による労働時間削減とフリーへの準備として。

通話が苦手という人が多いと聞きます。特に（私より）若い世代においては「スマホから通話機能を外してほしい」と思っている人もいるとか。

私は多分、「通話苦手世代」の最長老だと思います。入社したときに席にPCがあった最初の世代で、かつ入社すぐにメールに慣れ親しんだので、着信してスマホが光るのを見るとビビる最初の世代ではないかしら。

通話が嫌なのは、相手の都合でこちらの時間が無理やり占有されることです。あと、時候の挨拶とかの余計な情報が介在するのもウザい。

しかし広告代理店では、ベテランの営業や制作が、よくかけてくるのです。年齢の問題に加えて、撮影やイベントなど「現場」が多いのが営業や制作の特徴。「現場」が多いと緊急的なテーマも増えて、通話に慣れ親しむ（慣れ親しまざるを得ない）ことが背景にありそうです。

そうなんです。緊急のときはやはり、反応が瞬時に分かる通話がいちばん。あと、フリーになってからは、会社員時代よりも、通話回数が少し増えたように思います。ということは、緊急事態対応（その結果としての労働時間削減）と、フリーになる日の準備としても、通話には慣れておいた方がいい。

そんな「通話力」の向上に向けて、私が多用しているのはスピーカー機能です。かけるときはもちろん、場が許せば受けるときも、できるだけスピーカー機能を使います。というのは、「通話ストレス」の何割かは、スマホという固体を片手で持って耳に押し付けるという、あの体勢から来るもののように思うからです。

「通話力」の向上は、まずスピーカー機能に慣れることからです。

020

「オヤジ殺し」になろう。

オヤジをうまく操れるのが最強会社員。

「仕事を早く終わらせたい」「もろもろをストレスなくこなしたい」「会社生活を楽しくしたい」……などなどの思いを心に抱えているのがサブサラという生き物です。

しかし、そんな切なる思いに立ちはだかるのが――オヤジ。

上司、そのまた上司、得意先の偉いさんなどなど、ジェンダー問題なんてどこへやら、会社生活はオヤジオヤジオヤジだらけ。そして、そんなオヤジどもに対して、ストレートに屈するのは、サブサラがいちばん潔しとしないもの。ほら、あなただって、そうでしょう?

では、どうするのか。逆転の発想です。「オヤジ殺し」になるのです。

いやいや、本当に殺したりはしません。抗《あらが》いもしません。ただ、ちょっとだけ屈するふりをして、おだてて、調子に乗らせて、自分の思うようにうまく操っちゃうのです。

そのオヤジとはどんな人種なのか。「プライド高い」「何かと自慢したい」「たまにはおごっていい顔したい」（そして「スケベ」）、そんなところでしょう。リアルオヤジの私がいうのですから間違いない。

彼ら、特にカルチャー度の高いオヤジに対して最強なのは「サブカル思い出トーク」です。「ええっ、あの伝説のコンサート行ったんですかぁー?」「あのレコード、発売日に買ったんですかぁー?」……こんなトークにオヤジはイチコロです。ぜひ試してみてください。

入社当時の私が繰り出した中で最強だったのは、これ。話が盛り上がるのなんの——「ええっ、ビートルズの武道館コンサート行ったんですかぁー?」。

021

資料作りを雑務と捉えない。

会社を離れたらどれほど求められるかを想像する。

いわゆる事務職が与えられる雑務。その最たるものは資料作りかもしれません。細々とした数字をエクセルで計算して、グラフなんかにして、ワードのテキストの間に貼り付け、Ａ４サイズで２〜３枚の資料にしてＰＤＦ化してメールに添付して送る作業。こんな雑務に日々追われている人も多いことでしょう。

でもそのスキル、会社という枠組みを離れると、めっちゃ重宝されるのですよ。だから安易に「雑務」と決めつけない方がいいかもしれません。

私の話をすれば、少なくともライター業界の中では、見積書や請求書、企画概要のメモをささっと作るのが、めちゃくちゃ早い。本当に「ささっと」という感じ。そして自分で言うのも何ですが、クオリティもなかなかのものかと。

だって博報堂のマーケティング職出身ですよ。日々、膨大な資料を作り続けてきた、いや資料作りに追われ続けた30年を経験しているんですよ――と大声で言ってやります。心の中でね。

あと、サブカル界以外でも、例えばＰＴＡとかが典型ですが、ビジネスの世界から離れれば離れるほど、あなたのエクセルやワードの技能が、いかに貴重で、かつ、とっても求められていることがすぐに分かると思います。

ということは、資料作りスキルは、決して「雑務」ではなく、もしかしたら退職後、老後のあなたを支える武器かもしれない――。

重要なのは、資料作り以外も含め、会社の中でお願いされる、一見「雑務」に見えることが、会社から離れたらどれほど求められるだろうという想像力なのです。ぜひ仕事全体を見つめ直して想像することをおすすめします。

022

メールや書類はライターへのトレーニング。

「何かを伝えよう」「分かってもらおう」という気概を。

日々、ずっと字を書くのが仕事の人がいます。会社員時代の私だよ。メールの返信に追われている人、資料や企画書作りに忙殺されている人、膨大な字数を、日がな無意識に垂れ流している人――全部、会社員時代の私だよ。

しかし、見方を変えると、それは文章のトレーニング機会に恵まれているということでもあります。いつかはカルチャー系のライターで食っていきたいと考えている人などは、ライターとしての成長に向けた、最高のトレーニングジムにいると思えばいいのです。

では、どんな文章が「いい文章」なのか。ビジネスという場においては「分かりやすい」「すーっと入ってくる」「誤解を招かない」文章がいちばんです。

ではどうしたら、めっちゃ分かりやすい文章が書けるのか。

以下、詳細は拙著『幸福な退職』（新潮新書）に書いたのですが、まずは「語順」に注意すること。それだけでぐっと読みやすくなります。鉄則は、複数の修飾語句があるとしたら、文字数の多い順から並べていくこと。

いわゆる「大和言葉」を使うことも有効です。ビジネス文書は、いきおい熟語だらけになりますが、たとえば「午後の会議の中止が決定」という味も素っ気もない文を「昼過ぎの打ち合わせは見合わせることになりました」と大和言葉で開いてみると、上品だし、一気に和みますよね（ただやり過ぎは逆効果）。

でもいちばんのコツは、「何かを伝えよう」「分かってもらおう」という気概を持つことです。精神論に過ぎませんが、そんな気概の有無は、読んでいて直感的に分かるものです。またその気概こそは、文章力を確実に育むのです。

023

事務手続きを得意になる。

減点されないことが自己保全につながる。

会社員というものは、様々な事務手続きに追われています。たとえ広告代理店でも、経理伝票出したりとか、勤務情報入力したりとか。そういうあれこれが遅い、忘れてしまう若いサブサラくんたちがいるのですよ。よく叱りました。
「俺ってサブカルだから、いや『クリエイター』だから、そんな細々したことは苦手なんだよねぇ」と言いたいのでしょうが……。うーむ、30年早い！

私は逆に、完璧――とは言わないまでも、そういう空気感の中ではテキパキやった方だと思います。実はここだけの話、わりと好きなんですよ。なので今でも請求書の提出とか、税金の計算とか、どちらかといえばストレスなくやる方だと思います。

フリーランスになって思うのは、会社員時代の事務手続きって、めっちゃ楽だということ。多くの人間が手続きしてきた中で構築されたシステムなので、妙な言い方ですが、フローが洗練されているのです。

あと、そういうところで減点されないことで、サブサラとしての自己保全が出来ることも忘れてはなりません。「あいつ、変な身なりでダラダラしているけど、手続きだけはピシーっとやるね」という見え方は、実は、上司受けがかなりいい。だから「ピシーっと」やっていると後ろ指をさされない。

だから、先の発言はまるっきり逆で、「俺ってサブカルだから、いや『クリエイター』だから、そんな細々したことは『得意』なんだよねぇ」というのが正しい心持ちです。そして、会社で鍛えた事務手続き力は、実はフリーになったら活きてくるのですが、それはまた別の項で。

024

希望の仕事に「プチ越境」する。

その経験は、退職後の人生に活きるかも。

会社の仕事を少しでも楽しくするために「越境」をおすすめしたい。自分の仕事とは違う、好きな仕事・やりたい仕事への越境。

もちろんいちばんいいのは好きな仕事が出来る部門への人事異動ですので、面談とかで、異動希望を出し続けることが大事なのですが、実際に異動しなくとも、ボランティアで好きな仕事を手伝うとかの「プチ越境」なら、それほどストレスなく出来るのではないでしょうか。

私は入社からずっとマーケティング部門にいました。ただコピーライターへの憧れもずっと持っていましたので、自分で勝手に越境して、自主的にコピー案を作って、打合せにせっせと出していました。

それでも一応、ある飲料のネーミングが採用されて、コピーライターの業界団体＝東京コピーライターズクラブが選ぶファイナリストになったのです。その飲料、そのネーミングは秘密です（笑）。

まぁ、だからといってコピーの仕事をメインにしようとは思わなかったのですが、あの頃、うんうん唸りながらコピーを考えた経験は、フリーの書き手として、例えば書名とか帯の文面を考えるときに、とっても活きるのです。プチ越境しといてよかったぁと思います。マジで。

というわけで、会社に不平不満をいう前に、ちょっと越境、プチ越境してみませんか？　ちなみにフリーになってからの私の最高傑作コピーは、拙著『ＥＰＩＣソニーとその時代』（集英社新書）の帯コピー＝「〝80年代〟と書いて、〝ＥＰＩＣソニー〟と読む。」ですね。うん、我ながら上手い。

025

転勤で世界が変わる経験を味わい尽くす。

新しいカルチャー世界との出会いとして。

「会社員としての私は仮の姿だ」という気分で過ごすのがサブサラ。だとしたら、会社員のうちに、会社から得られるものを味わい尽くした方がいい。

転勤なんかはそのための最高の機会。場所が変わる、仕事が変わる、人脈が変わる、つまりは世界が変わる経験を提供してくれます。特に海外転勤なんかは新しいカルチャーとのめくるめく出会いが待っていることでしょう。

「いやぁ英語が出来なくて……」と思ってひるむ方もいるかもですが、そんな人のために、私の勤めていた会社の先輩に関する実話をひとつ。

TOEIC300点台だったその先輩、なぜかアメリカ某都市への赴任が決定。ただし「支社」ではなく「駐在員事務所」。つまり社員はその先輩1人だけ。レンタルオフィスみたいなところに小さな部屋を借りることに。

アメリカでの初日。届いていたファックス資料を綴じ込むためホッチキスの針がない。そこでレンタルオフィスの事務員をしている、機嫌の悪そうな巨体の黒人女性にもらおうと思ったのですが……。

「Do you have ホッチキス？」「What？」――通じない。うーむ、「ホッチキスの針／芯」ってどう言うんだ？――「Do you have needle of ホッチキス？」「Core of ホッチキス？」「What？」――通じない。うーむ、困った……。

あの手この手のボディランゲージを駆使して、「ホッチキスの針」を何とかゲットしたというのですが……大丈夫です。こんな先輩でもアメリカで5年間勤め上げ、最後には英語がペラッペラになってました。さて「ホッチキスの針」は英語でどういうのでしょうか。正解はこの本のどこかに。

026

グローバル仕事でもサブカルを活かす。

あなたの知識は中途半端な英語力よりも使えるかも。

英語が満足にできなくとも、音楽好きがグローバル仕事に活きるときがあるという体験談をご紹介します。

入社当時に受けたTOEICはちょうど600点。グローバル系の仕事では使える水準にありません。英語での打合せがあっても、言いたいことはいろいろあっても伝えられず、結局よくいる「寡黙な日本人」になってしまうのです。

入社から10年を超えたあたりに、ロンドン出張がありました。ロンドンにあるおっしゃれな会社と、広告企画について打合せするという短期間出張。

英語で、かつデザインの専門的な話ばかりで、私は寡黙に寡黙を重ね、時折アルカイックスマイルで微笑む、まるで「東洋の神秘」になってしまいました。

そんな中、食事会があったのです。こちらも拙い英語でしたが、それなりに盛り上がり、メンバー全員で、当時ロンドンにも出来始めていたカラオケボックスに行くことになり、いちばん若造だった私が先陣を切って歌うことに。

イギリスだからということで、ビートルズの『ヒア・ゼア・アンド・エヴリホエア』を入れました。すると大盛りあがり。「お前はビートルズに詳しいのか（東洋の神秘のくせに）」ということになり、勢いで、ビートルズの中でもかなりマニアックな『ジ・インナー・ライト』を入れて、さらに驚かれ……。

そこから連中と打ち解け、次の日からは「日本人にとって、この企画はビートルズの曲でいえばどんな感じ？」とか聞かれ、こちらもたどたどしい英語で返したりと、いい雰囲気になったのです。カルチャーはグローバル仕事で身を助けます。

「ホチキスの針」は英語で――「staple」。

027

低評価のときこそカルチャーを抱きしめる。

カルチャーはメンタル保全ツールだ。

会社員人生につきまとうのは評価という魔物。「査定」や「昇（降）格」などの形で、会社から突き付けられます。私自身のことを思い出しても、高かったり低かったり、その度に大いに盛り上がって落ち込んで、忙しかったものです。

特に若い頃は、評価を同期と比べたくなるもの。「徹夜残業をバリバリにしている同期がいい評価だったらしい、それに比べて俺は……」などと考えてクヨクヨしたものです。

「音楽好きで汚い格好、関西弁の変な若者」と思われていたふしがあります。転じて「仕事で汗をかかない奴」と言われて、低い評価に甘んじたことがありました。今となっては笑い話ですが、当時は大いに憤慨したものでした。

それでも低評価に直面した瞬間、カルチャーが心の拠り所になったのです。「徹夜残業野郎は全人生を会社に懸けている。対して俺は、会社なんて人生の半分だ。だから低評価でも幸せなんだ」と思うことで気を紛らわして、せっせとライブ会場に向かったのです。

正直、自分を慰める言い訳だったのですが、それでも今思うと、その考えは正しかった。ウン十年前の評価なんて、何がどうだったかすっかり忘れているけれど、あのときに見た解散寸前のフリッパーズ・ギターのライブ（渋谷ＯＮ ＡＩＲ）は未だに忘れない。

低評価に直面したときこそ、カルチャーを抱きしめて、カルチャーの場に向かっていくことで、メンタルが保全できる——会社員になってもカルチャーを愛し続けることには、こんな効果もあるのです。

028

サブサラこそが出世するべき。

「社内サブカルの旗手」が、若者に勇気を与える。

会社員に付き物なのは「出世すること」。あ、今どきは「出世できないこと」も「降格」も付き物か。

チャンスがあるなら、もちろん出世しちゃってください。このご時世、人事のランクが上がっても昇給しないとかの話もよく聞きますが、それでもまぁ、気分は悪くないじゃないですか。

ただサブサラの方々の中には、管理職になるのが嫌、現場の方がいいという理由で、出世を拒む方も少なからずいますよね。気持ちは分かります。このご時世ですから、管理職が抱えるストレスは半端ない。出世による昇給や気分の良さと、抱えることになるストレスを天秤にかけて難しい判断を迫られます。

でも出世のいいところは、昇給や気分の良さだけではありません。サブサラである自分の出世は、社内の若いサブサラの励みになるのです。

正直にいえば、私もそれなりに出世しましたが、いちばんうれしかったのは、出世を知らせる人事通達とかが社内で公開された瞬間、「スージーさんみたいなサブカルな人が出世するって、この会社も捨てたもんじゃないと思いました」という趣旨のメールが届くことでした（逆に「なんであんな奴が」という陰口もたっぷり言われていたでしょうが）。

そうなんです。サブサラは年を取れば取るほど、「社内サブカルの旗手」という立場になっていくのです。そして若いサブサラに勇気を与え、そして若いサブサラをさらに増やすという義務が発生するのです。

なぜなら、日本の会社にはカルチャーが、まだまだぜんぜん足りないから。

029

出世しても「出世の魔力」に負けない。

「会社人間」ではない「サブカル部長」を目指す。

出世の機会があれば、素直に出世しちゃいましょう。これを読んでいるあなたの気持ちの中で会社員なんて、しょせん世を忍ぶ仮の姿。だったら仮の姿のうちに、いろんな景色を見ておこうではありませんか。

大切なことは「出世の魔力」に負けないことです。「出世の魔力」——つまり、出世すればするほど、自我が会社にからめ取られ、いつのまにか完全な「会社人間」になってしまうという現象を引き起こす力。

何人も見てきました。面白くって、ちゃんとカルチャーについて語れていたのに、出世する中で、面白みのない杓子定規な人になってしまった先輩を。

でも分かるのです。私も昇進（や降格）を経験しましたが、出世すると、ぶっちゃけ気分がいい。出世させてくれた上司に尽くしたくなる。しかし、そうしている間に、あれ？　最近音楽も映画にも触れてないぞと。そんなこんなで時が経ってから、「出世の魔力」に翻弄されていた00年代（00〜09年）、音楽をあまり聴いていなかった自分に気付くのです。

「出世の魔力」によって会社は成立しています。ポジションが上がれば上がるほど上だけを見るようになり、下（若者）のことを軽んじて、そしてカルチャーから離れていく。接待とゴルフの人になる。

でも出世は永遠ではありません。当たり前のことですが、社長になれるのは1人だけ。だとしたら、出世しながら「出世の魔力」から逃げよう逃げようと思っているくらいの方がいい。「サブカル課長」「サブカル部長」なんて呼ばれるくらいがちょうどいいですよ。

030

年を取っても決して偉そうにしない。

「偉そう循環」がつまらない人生を生む。

会社の中で偉そうにしていませんか？

中年社員になり、ベテランになると、多かれ少なかれ、会社の中で偉そうにしたくなるものです。こちらには経験があるのに対して、未熟な部下が失敗をする。思わず「こらっ！」と声を上げてしまう。

私が危険だなと思っていたのは、「偉そうにしていると、それがデフォルトになる」ということです。もしあなたが偉そうにし続けていると、周囲の部下は、それに対応する術を覚えます。そしてあなたに怒られないように、喜んでもらえるように、いろいろと手はずを整えます。だって、上司に反抗するのって、勇気がいるし、そして何といっても面倒くさいから。

で、なぜ危険かといえば、周りがちやほやしてくれることは快楽だからです。快楽に溺れて、さらに偉そうな振る舞いをして、さらに会社にいることが気持ちよくなる。そんな「偉そう循環」の結果、趣味やら何やらはそっちのけ、完全な会社人間になってしまう――そんな人、もう本当に何人も見ましたよ。

で、定年になって（定年が近くなって）、もしくは降格になって、周りがちっともちやほやしてくれないことに愕然とする。つまんねぇ人生だ。

なーんて悪態をつく私にも経験があります。自分では決して偉そうな振る舞いと思っていなくとも、周りにそう受け取られたことが。というくらい、会社の中において、年齢とか立場って、それだけで権力なのです。

偉そうにしない。周囲の部下からは突っ込まれているくらいがちょうどいいのです。まずは「お前」という言葉遣いをやめることから。

031

年を取ったら「窓カル族」になろう。

カルチャーを手放さないオヤジ社員に。

年を取ってくると、会社の居心地がどんどん悪くなっていきます。だんだんと肩身が狭くなっていくものです。正直、仕事には付いていけなくなるし、若手にはどんどん追い越されて、周囲から冷たい目で見られます。

でも、しょうがないと思った方がいい。年を取ったあなたも、10年前、20年前、年を取った先輩を冷たい目で見ていたでしょう？

「窓際族」という言葉がありました。周囲に取り残されて、窓際に席が設えられた年寄り社員の俗称です。あなたも、いや全ての会社員は「窓際族予備軍」と言っていい。

でも、その年寄り社員がサブサラだったらどうでしょう。話は少しだけ変わってきます。若手サブサラが、少し温かい目で見つめてくれることでしょう。

「●●さん、あの伝説の来日公演に行ったんですか⁉」

「●●さん、今話題のあの映画、もう観たんですか⁉」

カルチャーをあきらめず、年を取ってもサブサラで居続ける理由は、ここにあります。カルチャーを手放さないと、（一部の）若手社員はリスペクトしてくれるのです。あぁ手放さなくてよかった。

とはいえ、若手との「伝説の来日公演」の話は毎日続くわけではありません。ただ、仕事にかまけてカルチャーを手放してしまうと、そんなちょっとした話のチャンスすら、失ってしまうのです。

どうせ「窓際族」になるのなら「窓際カルチャー族」＝「窓カル族」になりましょう。ちょっとは気分が良くなりますよ。

032

サブサラこそ、部下を褒めて活かす。

業務効率を上げて早く帰るための決め手として。

夜のカルチャー活動に向けて、会社員としての仕事は業務時間内にテキパキと終えたいものです。

そのためのいろいろなティップス（知恵）は、拙著『幸福な退職』（新潮新書）の中でふんだんに披露しました。が、いちばん大切なことは何かと聞かれたら「褒めること」だと答えたいと思います。

「部下を簡単に褒めてはいけない」「まずは否定から入る」という文化（？）が、日本の企業にはまん延しているような気がします。その背景には、昭和の日本経済を支えてきた体育会系の空気や、ひいては戦時中の日本軍からの流れがあるのかも。「今時の若者はゆとり教育で育ったから、甘やかして、おだてながら育てよ」という人もいますが、私が言いたいのは、そんな話とちょっと違う。では言いたいのは何か。シンプルです――「褒めた方が、仕事が早く終わる」。

当たり前ですね。褒めた方が部下のモチベーションが上がる。モチベーションが上がると業務効率が上がる。業務効率が上がると仕事が早く終わる（もちろん否定から入った方が効率の上がるタイプの部下もいますが、比率は2割を切るでしょう）。

30年にわたる会社員時代、「みんなもっと褒めたらいいのに」とずーっと思っていました。「否定から入って凹まれたら効率落ちるのに……」と。

「褒め殺し」という言葉がありますが、サブサラに必要なのは部下を褒めて活かす「褒め活かし」なのです。

033

「圧迫抽象質問」は一切しない。

カルチャーの真逆にある価値観だから。

会社の中に無駄なものはいろいろありますが、中でも私は、上司から部下に向かって投げ付けられる「圧迫言語」が最高に無駄だと思うのです。

上司が、たった数年だけ先に入社したという御威光を笠に着て、部下に対して、圧迫的に怒ったり命令したりが無駄。だって、それで多くの部下が萎縮して、結果チームの生産性が落ちる場合がほとんどなのですから。

でも、そんな「圧迫言語界」の中でも、いちばん嫌いなのは「圧迫抽象質問」です。知ってますか「圧迫抽象質問」？　アレですよ、アレ。

「鈴木、戦略ってなんだと思う？」「鈴木、消費者ってなんだろう？」「鈴木、アイデアって何かな？」

書いていて、あぁくだらないと思います。何とも答えようのない抽象概念について質問して、答えようがないからしょうがなく押し黙る部下に対して、さらに圧迫言語を重ねていくアレですよ。

「圧迫抽象質問」は、おそらくですが、フジテレビ『北の国から'92巣立ち』で菅原文太が放った「誠意って何かね？」が火をつけたと思います。ま、あれは名台詞だと思いますが、フォーマットだけ借りて「鈴木、戦略ってなんだと思う？」→「知らないのか。戦略とは差別化だよ」と来る。知らねぇよ。

時間の無駄だと思います。そして、その言葉としての暴力性は、カルチャーとは真逆の価値観の中にあると思うのです。

生産性維持の観点、いや1人のサブサラとしての誇りとして、「圧迫抽象質問」は禁止にしてください。

034

自尊心を捨て、まずは元気に挨拶を。

「人当たり」レベルでの減点を避ける。

私が勤めていた広告代理店は、普通の会社に比べて、サブサラ予備軍みたいな若者が多かったと思います。

彼（女）ら、基本的には私の仲間なわけですが、それでも、可愛がるだけではなく、時折、厳しく叱ったこともあったのです。どんなときかといえば――「人当たりの悪いとき」「人見知りが過ぎるとき」。

いや、分かるんですよ。体育会系の対極としての文化系、サブカル系として、体育会系のように上司や取引先に「おはようございます!!」と大声で挨拶するのに抵抗があることは。かくいう私も、若い頃そうでした。

でも、時を経て思うようになったのは、人当たりの悪さ、過剰な人見知りって、「会社員としての腹のくくり方」が弱いんじゃないかということです。

もちろんカルチャー系で食えれば最高なのですが、それが敵わないから、世を忍ぶ仮の姿として会社員となった。だとしたら、腹をくくって、ニコニコしながら「おはようございます!!」と大声で挨拶すればいい。それだけで上司や取引先が喜ぶのであれば、安いもの。結果、雰囲気が良くなって、会議やプレゼンに活気が出たあげく、早く終わったり、帰れたりしたら最高。

「しょうもない自尊心なんて捨ててしまいなさい」と言いたい。ニコニコと挨拶するだけで、喜ばれ、雰囲気が良くなり、早く帰れるのですから。

もちろん自我や尊厳は大切にする。ただ、それと人当たり・人見知りは、まったく別の次元の話。心の中でペロッと舌を出しながら「おはようございます!!」――これだけで驚くほど世界は変わります。ぜひチャレンジを。

035

若いサブサラにイラッとしない。

なぜなら、彼らは仲間なのだから。

会社の中で中堅にもなってくると、新しく入ってくる若者の中にいるサブサラ予備軍と出会ったりします。彼らは仲間です。一緒に会社の中にサブカル風土を作っていくべきなのです。それでもしばしばイラッ、ザワッとすることが……。

「フリッパーズ・ギターって、セカンドよりもファーストですよねぇー」

「ユニコーンは『ケダモノの嵐』が好き。だってビートリーですからぁー」

「岡村（靖幸）ちゃんのライブ全部行ってます、私ってベイベなんですぅー」

私世代のリアルタイム・カルチャーに対して、大胆にも私に対して「語っちゃう」若者がいます。みなさんも経験ありませんか？「お前それ、誰に向かって言ってるんだ？」と荒れたくなるような瞬間が。「そもそもベイベなんて言葉、当時はなかったぞ」と――。

しかし、絶対に荒れてはなりません。荒れるのは心の中だけにしてください。「そうなんやー。若いのに、よぅ知ってるわなぁ」ぐらいで返しておくのがいちばんです。そして耐えきれなくなったら、思い出すのです。自分の若い頃を。

「先輩、『リボルバー』って、ハードロックの起源だと思うんですよぉー」

などと、私も若い頃、よく言ったものです。それも、ビートルズの日本武道館公演を観たようなツワモノの先輩に対して。あぁ恐ろしい恐ろしい。

上の世代のカルチャーへのマウント発言。可愛いものじゃないですか。さらに、そのカルチャーがしっかりと伝承されている証拠でもある。

だから絶対に怒らない。さっきの発言に、こんな感じで返しておきましょう――

「フリッパーズ・ギターって、俺あんまり聴かへんかったからなぁ」。

036

社内の「サブカルマウント」は受け流す。

そして社外の若いサブカル野郎をガソリンにする。

サブサラをアピールしていると、会社の先輩サブサラから、面倒くさいことを言われることがあります。

これを私は「サブカルマウント」と呼びます。「お前はジミー・ペイジを分かってねぇ」「お前はヴィム・ヴェンダースを分かってねぇ」的な。私なんて、こういう言い草を何百回、何千回と投げ付けられたことか。

面倒事は避けましょう。令和のこの世に「ジミー・ペイジ論」なんて犬も食いません。受け流せばいい。10年も経ってごらんなさい。先輩サブサラは、全身会社人間になって、あなたに語ろうとしていたジミー・ペイジのギターソロの魅力話なんて、すっかり忘れているのですから。

ただ、社内ではなく社外、様々なメディアで、明らかに自分より若く、明らかに自分より意識の低いサブカル野郎が「ジミー・ペイジとは」「ヴィム・ヴェンダースとは」を語っているのを見てムカッとくる――その怒りは大切に抱きしめた方がいい。

なぜなら、その怒りは、自らがいつか、ジミー・ペイジやヴィム・ヴェンダースを語る場を持つ、語る立場になる原動力になるからです。

はっぴいえんど系が大好きだった私は、とんちんかんな大滝詠一論、細野晴臣論（やたらとディテールに詳しいけれど、頭でっかちでロックンロールしていない）を見聞きすると、今でもムカッときます。でもそれは、私の評論やＤＪにおける燃費のいいガソリンになっています。

そう、意識の低いサブカル野郎への怒りはサステナブルなのです。

037

少しずつ「非・会社人間」にシフトする。

まずは「70%会社人間」になろう。

会社が生み出すのは売上と「100%会社人間」なのです。かくいう私も00年代はほぼ「100%会社人間」だったような気がします。
仕事も残業も一生懸命、昼間はずーっと会社の席に座っていて、たまに取引先に行くくらい。ランチは社員食堂でかっ食らい、夜の宴会も会社や仕事関連のメンバーと。下手したら週末も休日出勤か仕事関係のゴルフ——。

分かりやすいリトマス試験紙があります。日常会話で、自分の会社のことをつい「うち」と言ったら要注意。「うちはさぁ福利厚生とか、わりと充実しててね」なんて、「うち」を褒めていたら、さらに要注意。

まず目標は「3割」です。使う時間の比率、会う人の中の比率で3割を「非・会社関連」にすることです。つまり「70％会社人間」になる。

これは案外かなり大変ですよ。人によっては数年かかるかもしれません。でも本気で意識しないと、ずっとずっと「100％会社人間」のまま。

比率を下げるために、まずは「非・会社人間」へと切り替わる瞬間を楽しむことです。私自身の経験でいえば、経営会議が終わって、スーツをTシャツに着替えて、ギターとレコード抱えて、下北沢のイベント会場に向かう瞬間とか大好きでしたね。落差がいいのです。着替えているうちに、人生の「面積」がぐんぐんと広がっていくのを実感できて。

「70％会社人間」の人生面積を球場だとすると、「100％会社人間」の人生は内野ぐらい。いやベース1個分くらいかも。そのまま死んでいくのは、寂しいじゃないですか。ベースで死ぬって盗塁死じゃないんだから。

038

「名刺コレクション」「名刺じゃんけん」を。

社内に閉じず、社外に開かれるために。

会社員なら、薄々感付いていると思います。「会社というものは、会社に閉じさせよう閉じさせせようというエネルギーが充満している」ことに。「働き方改革」などと言いながら実は24時間、仕事をしてほしいのです。人脈も社内、もしくは取引先とのパイプだけを太くしてほしいのです。あと、社宅がその最たる例ですが、運動会とか保養施設とか、つまりは「我が社の企業文化の中に包まれながら、社員とその家族が生活してほしい」のですよ、会社というものは（さすがに外資系などは、そうではないとは思いますが）。

だから、会社の中にいると、感覚が麻痺してきて、会社に閉じることが楽に、かつ楽しくなってくるのです。逆にいうと、生活に社外要素を入れるのがどんどん面倒になっていく——。

でも、そんな内向きな志向が望ましくないことなど、この本の読者の方ならお分かりのことだと思います。ということは、かなり意識的に、社外に開かれよう開かれようとしなければなりません。特にカルチャー界の方角に向けて。

そのための冴えた方法として「名刺コレクション」をおすすめします。自分の憧れの業界、会社、人脈に関する名刺を集める癖を付けるのです。そして、集まった名刺を見てニヤニヤして、また名刺を集める——ということを繰り返すうちに、生活の中に、社外からの気持ちいい風が吹き始めることでしょう。

たまに「名刺じゃんけん」をしましょう。同好の士と、収集した名刺を1枚ずつ出して、勝ち負けを決めるのです。勝っても負けても、さらなる収拾意欲が湧いてきます。「名刺コレクション」「名刺じゃんけん」、ぜひ。

039

ラジオを聞きながら仕事をする。

日がなラジオを聞いて、たまには投稿するのが最上級。

私が思う「サブサラ」の定義のひとつとして「ラジオ好き」があります。だとすると、特に事務作業や、1人での外回りが多いサブサラは、仕事中もラジオが聞ける幸せな仕事に就いたと解釈するべきなのです。

知っている音楽だけでなく知らない音楽、たまにはニュースや天気予報が混ざるラジオを聴きながら仕事するのが、少なくとも私には合っていました。

ただラジコが登場する前は大変でしたね。ラジオ日本の午後早めに好きな音楽番組があって（00年代にオンエアされていた『ミュージック・パワーステーション』）、それを聞くために、オフィスの窓側にトランジスタラジオを設置して、そこからイヤフォンの延長コードを7つくらいつないで、窓から10メートルほどのところにある私の机まで引っ張って聞く。延長コードが足に絡むというクレームが周囲から絶えませんでした。

ラジコがある今は便利になりました。スマホからもPCからもラジオが聞ける。エリアフリーもタイムフリーもある。ラジオ好き会社員には天国でしょう。

会社生活の晩年は、大阪のラジオ局「FM COCOLO」をずっとラジコで聞いていました。選曲が私世代向けのものばかりで、とても気持ちよく仕事もはかどったものです。

ごくたまにですが、番組にネタを投稿して、自分のメールが読まれるのを聞きながら、オフィスの中でほくそ笑んだものです。仕事中に投稿したネタが採用されるのを聞きながら仕事をする——ここまでくれば、あなたはもう最上級のラジオ好き会社員、最上級のサブサラです。

040

仕事の合間は迷わず名画座へ。

スマホを切ってお気楽な白黒映画でリフレッシュ。

サブサラが外回り仕事の合間にしけこむのはどこがいいか。

入社当時の私なら本屋や、ＣＤのいわゆるメガストアでした。場所に恵まれれば、中古レコード屋が最高だったのですが。でも本屋もメガストアも中古レコード屋も、だんだん減ってきましたし、どうしたものかと。

そこでおすすめしたいのが名画座です。古い映画をかける映画館。仕事の合間には最高なのです。

東京以外ではあまりないのかもしれません。東京では渋谷のシネマヴェーラや、ラピュタ阿佐ヶ谷など、小綺麗な名画座がいくつかあります。

映画館がいいのは、スマホが見られないことです。スマホに追いかけられ続ける会社員に「スマホ強制遮断」の機会を与えてくれるところ。

そして名画座でかかる昔の映画は、だいたい尺が短くて、新作を観るより気楽なところもいい。ぜひおすすめです。

あと名画座は、大体が自分よりも年上、つまりはお年寄りの吹き溜まりになっているのもいいですね。会社で、中間管理職の自分を突き上げる若者から逃避して、お年寄りに囲まれながら、半世紀以上前の東京を駆け抜ける若き天知茂にうっとりとする。リフレッシュ効果は抜群。

渋谷シネマヴェーラで17年に開催された、小西康陽プロデュースの「シネマヴェーラ的大映女優祭」で観た『尼くずれ』（68年）という83分の白黒映画。安田道代がミニスカでゴーゴーを踊る尼さんを演じるのを観て、気分スッキリ。翌日のプレゼンが大成功したのを思い出すのです。

041

打合せの暇つぶしもカルチャー的に。

楽しくて創造的な「思い出しゲーム」を。

サブサラたるもの、暇な打合せを乗り切るための暇つぶしも、出来るだけカルチャー的なものにするべきです。

あ、前提として、打合せでは自ら積極的に発言して、議論の濃度を高めて早めに結論を出して、さっさと打合せを終えて、会社を出て、カルチャー活動にいそしむことを奨励したいのですが。

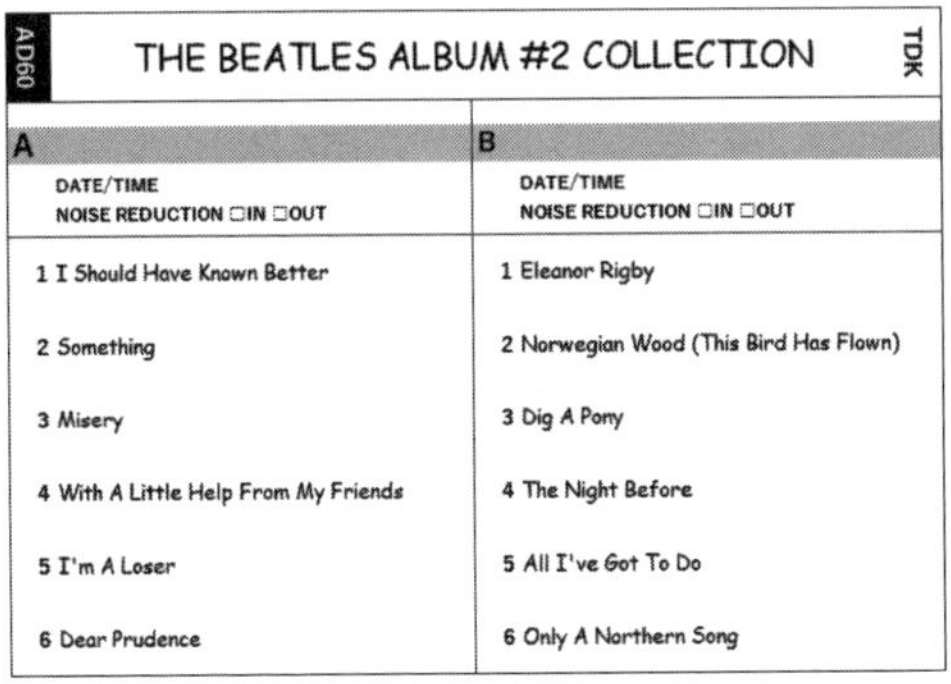

AD60	THE BEATLES ALBUM #2 COLLECTION	TDK

A	**B**
DATE/TIME NOISE REDUCTION □IN □OUT	DATE/TIME NOISE REDUCTION □IN □OUT
1 I Should Have Known Better	1 Eleanor Rigby
2 Something	2 Norwegian Wood (This Bird Has Flown)
3 Misery	3 Dig A Pony
4 With A Little Help From My Friends	4 The Night Before
5 I'm A Loser	5 All I've Got To Do
6 Dear Prudence	6 Only A Northern Song

しかし、それでもやっぱり聞いているだけ、顔を出すだけでいい打合せはあるのです（面白いのが、リモート会議が普及しても、そういう打合せの数は減っていない気がすることです）。

では、どんな暇つぶしがいいのでしょうか。約30年間にわたる会社員生活の中で、いろいろと工夫しましたが、結論として、「思い出しゲーム」が最強であることに気付き、晩年はそればっかりやってました。

例えば、「横浜市18区思い出しゲーム」（瀬谷区あたりが忘れがち）、「大阪市24区ゲーム」（同、城東区あたり）、あと、メジャーリーグにあまり詳しくない私にとって、「メジャーリーグ30球団ゲーム」を思い出すのは、いい感じで難しく、1時間くらいがあっという間に過ぎていきました。

でも、いちばん楽しくて、創造的だったのが、「ビートルズの全アルバムの●曲目を思い出して、曲順も考えて、仮想コンピレーションを作るゲーム」でした。これはまったく飽きませんでしたね。もちろん、あなたが好きな他の音楽家でも転用可能です。

最高傑作は「A面2曲目コンピレーション」（上画像）です。渋くていいわ。

042

出張はサブカル・ハンティングだ。

忙しくとも中古レコード屋に行く時間を確保する。

「若い頃の苦労は買ってでもしろ」なんて言いたくありませんが、「若い頃の出張は買ってでもしろ」とは、大声で叫びたいですね。会社のお金であちこち行けるなんて、何と素敵なことでしょう。過去に何度も行った出張のことを思い出すと、もう1回会社員になってもいいと思うほどです。

会社員――それは出張の機会を待ち続ける生き物のこと。

特に、海外出張の経験なんて、人生の宝物です。もちろんハードな出張もあるでしょうが、私の経験で言えば、日本に比べて海外の方が、仕事が合理的（かつルーズ）なので、案外自由気ままで、夜になれば、待ってましたと街に繰り出せる場合が多いのですから。

さて、サブサラにとって出張は、単なる仕事の機会ではありません。CDやレコードや本とか、その出張先でしか買えないものを買い漁る機会＝つまり「サブカル・ハンティング」なのです。なので、とにかく空き時間を無理やり作って、街に出て買い漁る時間を作らなければなりません。

というわけで、国内出張で必要になるのが、「どのあたりに中古レコード屋（古本屋）があるか」を感じ取る嗅覚です。私の経験によれば、地方都市の目抜き通り商店街があるとして、そこから、ちょっとだけ外れたあたりに多い。

今でこそスマホ片手に探し出すことが出来ますが、スマホの無い時代でも、私は、出張先の街に漂うサブカル臭をくんくんと嗅ぎ分けて、東京では法外な値段になっているお宝を安くゲットしたものです。スマホと嗅覚を活かしながら、素敵な「サブカル・ハンティング」に出かけましょう。

043

スーツケースは出張に使わない。

出来るだけ身軽に自由に、あちこちと動くべき。

私は会社員時代、国内出張でスーツケースを使ったことはありません。もちろん海外への長期出張には持っていきましたが、国内三泊四日くらいであれば、大きめのリュックサックで間に合わせました。

荷物を減らすのには工夫が必要です。例えばスーツは上下同じものを着続ける。

それだけでなくワイシャツも基本1着で済ませたい（真夏だったらその限りではありませんが）。

スーツに多少シワがついたりとか、汚れたりなどは気にしない。そういえば、いつも不思議に思っていたのは、ホテルにあるズボンプレッサー。あれを使う人はどういう人なのだろう。よほど几帳面な人なのでしょうね。少なくとも私は、あんなの一度も使ったことがありません。

言いたいことは、出張とは、知らない街・知らない人と触れる、言わば人生を楽しむ旅なのだから、出来るだけ身軽にして、フットワークよく、あちこち動いた方が楽しいということです。

そして家を出てから家に着くまでが遠足、じゃなくて出張。なので、出張先だけでなく行き帰りまでも身軽で楽しくするために、「アンチ・スーツケース」を唱えたいのです。

だってスーツケースのあのガラガラ……とうるさい音、あれを聞いているだけで行動欲求が萎えませんか？　そして自分が、出張という楽しい旅の主役ではなく、単なる荷物の運搬役に思えてきませんか？

というわけでサブサラは、やはりアンチ・スーツケースでいきましょう。

044

「宴会遅刻マン」にならない。

カルチャーは長く、会社人生は短し。

今や「宴会冬の時代」という感じですね。コロナ禍が一段落しても、組織的な忘年会などを取りやめたままにしている会社も多いと聞きます。

私？ 私は宴会とか、もう大好きでしたね。特に場を仕切るのが。カラオケのマイクではなく司会のマイクを話さないタイプでした。その上、よくお酒でしくじったものです。なので、人様に何か言えることなどないのですが。

サブサラの方には、宴会嫌いも多そうですね。でも私は、会社の打合せで仕事の話をしているよりは、駄話、バカ話、あとテレビや映画などカルチャー話を飲み屋でしている方が、楽しいに決まっていると思っていました。

さて、宴会には必ず遅れてくる人がいます。この「宴会遅刻マン」、本当に毎回遅れてくるのですよ。下手したらドタキャンもする。その上、宴会の間も、ずっと仕事のメールを見ていたり、取引先へのメールを返していたり。

「宴会遅刻マン」のこと、初めは不憫に思っていたのですが、だんだん本質が分かってきたのです——単に「宴会より仕事の方が好きマン」なのだと。

宴会に早く来るとヒマに思われるとか、注文とかの下働きをさせられる時間が長くなるとか、ではなく、単に仕事の方が好きなだけだったのです。

まぁ生き方なので、否定したりはしませんが、それでも「君がしがみ付いている仕事や会社なんて、最終的にはあなたを守らないんだよ」なんて、ちょっと悪態をつきたくなったものです。

芸術は長く、人生は短し。つまり、カルチャーは長く、会社人生は短し。だったら乾杯から参加して、駄話、バカ話、カルチャー話を楽しみましょう。

045

会社宴会における「中座品質」を高める。

「ミスター・次がありまして」になる。

会社員以外の自我を持つことを前提とすると、夜も当然、会社以外の宴会に参加することも多くなります。そして、会社飲み会とダブルブッキングになってしまう夜も出てくる。

会社の飲み会、私はかなり好きな方でした。仕事という共通項があるから話は合

う し、上司がおごってくれることも多いし、また、得意先やら社内の誰それやら、共通の敵の話とかで、いよいよ楽しく盛り上がってしまう。

しかし盛り上がるほどに、会社の飲み会が居心地よくなるほどに、会社以外の宴会への出席率がだだ下がりしていき、会社員以外の自我は、どんどん小さくなっていく。そして、気が付いたら怖れていた「会社人間」に。わー怖っ。

そんなあなたに必要なのは「中座品質」です。場を乱さず、きれいに中座する能力、別人脈の宴会に移動する能力を持たなければならない。かつその「中座品質」を絶えず上げなければならない。

いやぁ、中座、難しいんですよ。でも見事に中座する人もいますよね。

まず「すいません、別件ありまして●時くらいに中座します」と先に宣言しておきながら、その●時をちょっと過ぎるくらいまで中座する気配すら見せず、ガンガン盛り上がった後、●時の10分後くらいの絶妙なタイミングになったら、「それでは次がありまして」なーんて言いながら、手刀（中座のときしか使わない）切って、ホイホイと中座する――これぞ「高品質中座」！

とは言え、やっぱり中座は心苦しいものです。でも、その心苦しさは、複数の自我を生きている証。「ミスター・次がありまして」になりましょう。

046

接待には自分の偏った知識を活かす。

サブカルな話題運びで「接待王」になる。

「接待」という行いがあります。取引先の偉いさんを呼んで、美味しいものを飲ませて食わせて、関係を近くして、あわよくば自社の利益につなげようという目論見をもった会食。

つまりはザ・大人な行いであって、サブカル界からはいちばん遠い……ように一見感じられるのですが、それでも、特に雑談タイムのときに、サブサラが活躍できるときがあるのです。

接待という場において、サブサラが持ちかけるべき最強質問。それが――「初めて買ったレコードは何ですか？」

もちろん取引先の偉いさんの回答は想像も付きません。でもあなたの音楽知識があれば、見事に打ち返すことが出来るでしょう――「あれ、イントロがいいですねぇ」「作曲は筒美京平ですよねぇ」「ビクターレコードですよねぇ」。

うまく行けば話題はコロコロと転がり始めることでしょう。そもそも「レコード」の話をするという時点で盛り上がるものです（相手が若かったら「シングルCD」の話にしましょう）。

でももっと盛り上がるのは野球の話です。自分がどこのファンかは明かさず（自分が阪神ファンで相手が巨人ファンだったら面倒なので）、相手の好きな球団を言った瞬間、その球団と相手の年代を瞬時にかけあわせて、次の質問を放つ――「福本豊って、そんなに速かったですか？」「当時の松井秀喜、見たかったなぁ」「見ました？　バックスクリーン3連発？」。

サブサラこそ、自分の偏った知識を活かして「接待王」になりましょう。

047

会食は自ら酔わずに仕切って短縮化する。

そのための「水割りフォーメーション」を準備する。

「会食会議」という文化があります。物事を決めるときに、普通の会議ではなく、何かを食べながら、そして飲みながら決めるというものです。

基本、夜の話ですが、場合によってはランチ・ミーティング、さらにはブレックファスト・ミーティングというのもありますね。

ただ朝・昼に比べて、夜は少し毛色が異なります。半分「接待」のニュアンスも入って、要するに、自社に有利に進めるべく、美味しいものを食わせて飲ませて、取引先の偉い人を巻き込むという目論見が背景にある場合が多い。

ただこういう「会食会議」、食べたり飲んだりするし、雑談も多くなるし、長くダラダラしがち。平均時間を算出すれば、2時間は下らないはずです。うーむ。サブサラとしては、「会食の短縮化」に貢献したいところ。

短縮化に向けたポイントは、何より自分が酔わないことです。そして、適切なタイミングで適切な進行をして、ボールをゴールに入れる司令塔になる。

私がよく実践したのは、まずは会食の前に、ある程度お腹に入れておく。炭水化物系がいいですね。もちろん会食中は水をたくさん飲む。取引先の目を盗んでペットボトルで飲んだりとか。

いちばん即効性があるのは、水（お湯）割りを作ってもらう自社の人間に、自分用は水（お湯）比率を高くするようにお願いしておくことです。取引先は普通、何杯飲むかは見ていても、その濃さまでは気にしません。

ですが、やっぱり時間の無駄感は否めない。「会食文化」「会食会議」……なくなればいいのに。なくならないいんだよなぁ。

048

盛り上がりとこだわりと両立する選曲を。

カラオケに向けて、そんな選曲を用意しておく。

会社員には、カラオケという場が付き物です。そしてカラオケという場には、いくつかの問題が生じる。

まずは「年齢差問題」。自分が年を食ってきて、周りが若いメンバーだった場合、どんな曲を入れるのかに悩むことが多くなるのです。「自分の歌いたい古い曲なんて、こいつら知らないだろうなぁ」と思いながら、臆せず古い曲を入れて、それでスベってしまう、もしくは、若者に妙な気を遣わせてしまう。

年齢差問題の解決法としておすすめしたいのは「カバー選曲」です。つまり、粋のいい若手の音楽家にカバーされている古い曲を選ぶのです。もう10年ほど前になりますが、私と同年代の友人は、とにかくEXILE版の『銀河鉄道999』（オリジナルはゴダイゴ79年の大ヒット）ばかり歌っていました。

そしてもうひとつ。サブサラ的にはこちらの方が切実な問題。題して「場の盛り上げとコアな選曲の両立問題」。単に場が盛り上がる選曲だとつまらない。やっぱり自分のこだわりの曲を歌いたい。でもこだわると場が盛り上がらない。

私なりの解決法はブルーハーツ『TRAIN‐TRAIN』を入れることでした。めっちゃ盛り上がる。若い社員は飛び跳ねまくる。しかし「♪弱い者達が夕暮れさらに弱い者をたたく」のパートに来たら、心の中で「お前ら、真島昌利のこのメッセージ、いつかジワジワ来るぞ」と思うことで、こだわりを解消しながら、それでも楽しげに歌い切るのです。

私にとっての『TRAIN‐TRAIN』のような曲を1曲持てれば、カラオケの場も安心です。あなたはどの曲を選びますか？

スージー鈴木の サブサラクロニクル 30代編

サブカルサラリーマンとしていかに生きたか、
スージー鈴木の履歴をたどる

1996年（30歳） なぜか突然野球にハマり出す。前年に2位となった千葉ロッテのファンとなり、千葉県幕張のマリンスタジアムに通い始める。

1997年（31歳） 結婚。夫婦関係は一応現在まで続いている。

1998年（32歳） 白夜書房の野球雑誌『野球小僧』創刊号に「野球音楽徹底バイヤーズガイド」を執筆。ここでの原稿が、その後の「野球（に関する）音楽」仕事につながっていく。

2000年（34歳） 架空バンド「スージー鈴木と無煙ロースターズ」名義でインディーズCD『Take me out to the ball game』に4曲提供。

2001年（35歳） 週刊ベースボールで「野球音楽」を紹介する隔週連載開始。足掛け23年も続くこととなる。ここでの連載をまとめた本が『いとしのベースボール・ミュージック』。

2003年（37歳） ひょんなきっかけで大阪芸術大学通信教育部の非常勤講師となる。テーマは「広告論」。昔のCMをひたすら見続ける奇妙な講義だったが結局10年ほど続いた。

2004年（38歳） 博報堂で部長（一般企業でいう「課長」レベル）に昇格。比較的早いタイミングの昇格だったが、もろもろの事情で、その後2度の部長降格・昇格を繰り返す。

2005年（39歳） この年の秋、息子が生まれ、千葉ロッテが日本一になる。秋だけど我が世の春。

第三章

サブサラは、
こう暮らす。

049

「忙しい」と言ってる暇があれば遊べ。

歯を食いしばってカルチャーを追いかけろ。

「忙しい忙しいと、軽々しく言わないように」と部下に指導していました。それほど、私のいた広告代理店では、みんな言っていました。「忙しい忙しい」と。

気持ちは分かるのです。「忙しくない＝ヒマと思われたくない」という気持ち。

特に広告代理店で「ヒマ＝能力がない」という感じに見えがちだったので。

でも、本当に、死ぬほど忙しいのならともかく（ワークシェアリングの問題として、上司に直訴しましょう）、そんなに忙しくないのに、「忙しい忙しい」とお経のように唱えるのはやめた方がいい。

理由はいっぱいあります。まずは、仕事が来なくなるかもしれないということ、自己管理が出来ない奴と思われてしまうこと。

しかし、いちばん強調したいのは、「忙しい」という言葉には、かなり強い自己暗示力があるということです。だから「忙しい」と言うごとに「俺は忙しいんだ、疲れてるんだ」という暗示にかかってしまい、結果「よし、カルチャー追っかけるのやめよう、映画は来週に回そう」と思ってしまう。

「歯を食いしばって遊べ」とも、よく部下に言っていました。飲み食いデートも含みますが、あの舞台、あのコンサートは1回だけ、なのです。だから「歯を食いしばってカルチャーを追いかけろ」と言いたい。

では「忙しい？」と聞かれたらどう答えるべきか。「いや、そうでもないっすよ」が満点回答。でもちょっと忙しければ、「いや、そう……でもないっすよ」と、ちょっと口ごもる。忙しさによって「……」が伸びていく。でも決して「忙しい」とは言わない。これぞサブサラの心意気。

050

新しい音楽への感覚を更新し続ける。

音楽へのアンテナはすぐに錆び付くから。

「スージーさんは、新しい音楽をどうやって勉強しているのですか?」とよく聞かれます。もちろん「それなりの年齢なのに」というニュアンス付きで。

「ヒット曲を論評する連載の仕事があるから勉強しなきゃならない」というのが主な理由でして、白状すれば、よく知らない若い人の音楽に向かっていくのは、ストレスがかなりかかりますし、正直億劫なものです。

人間には、一生に聴ける曲数の限界が決まっているように思います（一生に飲める酒の量も）、おそらく私なんかは、もうその限界に達しているはず（酒も）。だから、感覚がすれっからしになっていて、新しい曲に感動することが、人よりも少ない身体になっているように思います。

本音を言えば、もしヒット曲連載の仕事がなければ、「これからはビートルズとはっぴいえんどだけを聴いて生きていこう」と考えるはず。

しかし、色眼鏡を外して、新しい音楽に対して、少しだけ能動的になってみると、案外いい音楽が散らばっているのです。またサブスクという文明の利器があれば、いいと思った音楽を、すぐに何度も確かめることも出来る。

逆に、色眼鏡をガチッと着けて、若い人の音楽に耳を閉ざすと、びっくりするくらい早々とアンテナは錆びていきます。仕事が忙しかった00年代の私は、アンテナがすでに錆び始めていたはずです。

「これからもビートルズとはっぴいえんどを聴いて生きていく……でも米津玄師も入れておこう」という感じで感覚を更新していく。だって、もしやビートルズを超える音楽にも出会えるかもしれないのですから。

051

「カルチャー評論バディ」を見つける。

会社の中にバディがいれば人生が変わる。


「カルチャー評論バディ」を作りましょう。

「バディ」（Buddy）とは「相棒」くらいの意味。つまりカルチャーについて評論、とまではいかなくても、感想を言い合える仲間が近くにいると楽しい。

ただ出来れば、「面白かった！」「つまらなかった！」という「感想」を超えて、「冒頭のあのシーンがよかった」「さすがにエンディングの編集は間延びしたなぁ」「最後のあのシーンは映画『●●』の影響かしら」など、ちょっと突っ込んだ分析・深読み・屁理屈を言い合う雑談が出来る仲間がいると、さらに楽しい。だから必要なのは「感想バディ」ではなく、やはり「評論バディ」。

だってカルチャーやエンタテインメントの楽しみの半分くらいは、そういう雑談だと思うのですよ。私は「音楽評論家」といういかめしい肩書きを名乗っていますが、仕事の定義を聞かれたら、「ちょっと変わった意見を提示して、音楽の楽しみ方を広げるバディのような仕事」だと答えます。

そういう雑談の中で、あなたのカルチャー観が研ぎ澄まされていきます。それは、のちのちカルチャーについて語る立場になったときの格別な武器になりますし、語る立場にならずとも、その後のカルチャーの楽しみ方を広げてくれます。「カルチャー評論バディ」がもたらす、素晴らしき人生。

出来れば、会社の中にバディを作るべきです。できれば複数＝バディーズ。そして一緒に映画に行ってライブに行って……会社生活が楽しくなる。最高。

ちなみに私にとっての最強の「カルチャー評論バディ」は、マキタスポーツという人です。

052

「カルチャーソロ活」に慣れる。

サブサラの孤独さを受け入れ、1人で動く。

「カルチャー評論バディ」が幸運にも近いところで見つけられたら話は別ですが、見つけられない場合は、カルチャー活動をピン（1人）で行うことをおすすめします。ライブ、寄席、映画、野球、展覧会……も全部基本1人で行く。私はそうしています。「カルチャーソロ活」のすすめです。

そういう催し物には複数で行くべきという謎の観念が、わりと広まっている気がします。1人でいくと友達のいない奴と思われるからでしょうか。

前提として、私には趣味が合う人が少なかったというのがあります。だから、例えば一緒に映画に行くと、「あぁ、この人には面白くなかったかも」と気になりだすのです。「さすがにこの人に、昭和の大映映画はなかったかぁ」とか。

逆の話もあります。私がつまらないから帰りたいと思っても、連れが盛り上がっていたら、ほっといて帰れなくなる。これは特に野球観戦で多い現象です。そう、相手チームのファンと観にきた場合とか。

そんなこんなも1人で行くと解決します。コンテンツに対する連れの評価を気にしなくて済みますし、また、つまらないと思ったら、その瞬間に帰ることが出来る。同様の理由で、旅行も本当は一人旅がいいなぁと思うのです。やっぱ人間、最後は1人ですよ。

そもそもサブサラは孤独なもの。だから徒党を組まず、「カルチャーソロ活」を強く強く、おすすめするのです。

あ、「カルチャーソロ活」をおすすめする理由が、もうひとつありました。それは——感動して号泣しているところを見られなくて済む！

053

「サブカル日記」を付ける。

SNSでの公開日記がいつか発酵する。

私はやっていないけれど、いつかはカルチャー界で食っていこうと思っている後進におすすめしたいのが「サブカル日記」です。コンサート、映画、番組、本……作品に接した日に、どこで見て何を感じたかを、克明に書き残す。

そんなもの価値が出るのかと思いきや、10年、いや5年経てば、なかなかいい感じに発酵するのです。私が敬愛する日本サブカル界の始祖＝小林信彦は、克明な日記を書き続けていたようで、彼の著作には、何十年も前の日記からの引用が、何度も何度も出てきて感心します。

日記を書き続けるコツは、公開すること。例えばSNSでいいので、コンサート、映画、テレビ番組……接したときに、その感想を短文でいいので、SNSで書き残しておく。すると、それを読んだ人の感想や「いいね」が、その「SNS短文サブカル日記」の持続力となっていきます。

実は私もこまめに、感想などをSNSに書いているのですが、ひとつ問題がありまして、それは、ダメだった・クソだった作品の批判が書きにくいこと。結果、ダメクソ系の作品の記録がまったく残せていないのが残念なのですが。

――映画『桐島、部活やめるってよ』のどうでもいい、でもひどく気になるポイント。ストーリーに殆ど影響を与えない野球部のキャプテンを演じる俳優の名前が、「高橋周平」。ちなみに映画の中で見せた素振りはひどいスイングだった。ナゴヤ球場で鍛え直した方がいい（私のツイート／12年9月3日）

高橋周平は中日ドラゴンズに所属する実在の選手なのですが、それはともかく、こんな記録に価値はあるのか、いや多分あるはず。

054

「カルチャーエンゲル係数」を維持する。

「その他出費」は「カルチャーお小遣い」へ。

会社員の最大の強みは、定期収入があるということです。と書くと、会社員の方は「定期収入なんて当たり前じゃないか、それが強み？」と思うかもですが、フリーランスの身からすると「そうだそうだ！」となるはずです。両方経験済みの私の言うことですから、信じてみてください。

とりあえず定期収入があるということは、その中の一定の割合を、定期的なカルチャーコンテンツ消費に回せるという強みにつながります。ここで大事なことは、定期収入の一定の割合＝「カルチャーエンゲル係数」を減らさない、高く維持するということ。

割を食うのは「その他出費」です。私は会社員時代、「カルチャーエンゲル係数」を高水準でキープすべく、「その他出費」の切り詰めを意識していました。

具体的には、衣食住の「衣」への出費をとことん減らしました。40代以降はもしかしたら、「洋服の●●」などで買う、どうしても必要な格安スーツ以外は、ほとんど出費していないかも（スーツ出費を抑えるためもあり、若い頃から、当時まだはばかられていた「非スーツ出勤」を励行）。

あと、クルマとか時計とか、そういう、いかにもサブカルの対極のようなあれこれにもまったく興味が湧かない。昭和ワードでいう「ステイタスシンボル」ですね。会社員界は、「ステイタスシンボル」への関心が、比較的残っているクラスタだと思いますが、私はまったく興味なし。

そうして集めた小金を、本やレコード、CDにはバンバン使いました。あの頃、山のように買ったカルチャーコンテンツが、今の商売道具になっています。

055

勇気を持って本を閉じよ。

もしそれが読むに値しない本ならば。

「読書の神聖化」というものに疑義を唱えたいのです。

もちろん、読書が素敵に文化的な行いだとは思います。っていうか正直、音楽より映画より、私は本が好き、なんですが、読書という行いを過度に文化的で知的で、つまりは神聖なものとして崇め過ぎる傾向があると思うのです。特に読書好きの人であればあるほど。

神聖化し過ぎると何が起こるか。そうです。本はとにかく最初から最後まで読み切らねばならない、という、わけの分からないルールを自分に課してしまうのです。つまらない本を、歯を食いしばって読み切る――なんと非文化的なことでしょう。

高い値段の本でも、読んでみたらつまらなかったということは、よくあることです。でも音楽でも映画でも、はたまた野球観戦でも、期待外れは、よくあるじゃないですか。あれと同じです。そもそも、それが文化というもの。

だから、つまらなかったらさっさと読むのを辞めて、本を閉じるべきなのです。けれど、さっさと捨てたり、売ったりするのではなく、ちょっと寝かせておく。そして読みたくなったら、また読む。

読書なんて「神格化された目的」ではなく、「知的満足に向けた手段」に過ぎません。知的に（いや、知的じゃなくてもいいか）満足できないと思いながら読むのなんて時間の無駄。そんな本、さっさと閉じてしまいなさい。

だって、読み手は書き手より偉いんです。「私は芥川龍之介より、林真理子より、百田尚樹より偉い」と思いながら読むのがいちばんです。

056

本は、風呂で読む。

カピカピになるまで本を読む喜び。

会社員は忙しい。会社や人、上司にもよりますが、このご時世、9時〜5時できっちり仕事を終えられる人は、かなり少ないはずです。

でも、あなたは本を読みたい。というか、本を読むために働いているという実感すらある。

また、これは私の経験からですが、読書には脳のリフレッシュ効果があると思うのです。要するに、仕事脳を趣味脳、サブカル脳にリフレッシュすることで、明日からの仕事へのモチベーションを生むような。

さて、どうしたものか。ちょっと前なら、通勤中の電車の中で読書している人が多かった。会社員時代、「往復で一冊読める」と豪語する遠距離通勤の同僚がいたものです。しかし最近はリモートの人も多いはず。

で、私の提案は「お風呂読書」です。風呂の中をカルチャー空間にすることを提案します。風呂の中で、身体だけでなく脳もリフレッシュさせるのです。

30年ほど、私はお風呂読書を励行してきました。さすがに湯船に本を入れたりはしませんが、それでも濡れた手で読むので本が濡れて、その後カピカピになります。

しかし、です。カピカピ本、その後も十分に読めます。また腐ったりとか、カビが生えたりとか、虫が湧いてきたりしたことは、少なくとも私の経験上はありません（ただ紙質によって、ページがくっつくことはしばしばある）。

「カピカピにならず、でも読まれない本」と「カピカピになるけど、何度も読まれる本」。本の方も、後者の方がうれしいのではないでしょうか。

057

「迷ったら、買う」を実践する。

その本やCDは、いつか読みたく／聴きたくなる。

本やレコード、CDは「迷ったら買う」を実践してきました。もちろん、それぞれの人の「カルチャーエンゲル係数」の中で、という但し書きが付きますが、それでも原則論としては「迷ったら買っておく」べきだと思うのです。

まず本ですが、最近はかなり値上がりしてきたものの、自分が会社員だった平成時代は、他のサブカルコンテンツに比べて安いという感覚がありました。特に古本なんかは、今でも劇的に安い。さらには、「1円」とかの古本が、アマゾンで出回っている（この本が「1円」にならないことを祈ります）。

図書館で借りるという方法もありますが、また読みたくなったときや、急に中身を確かめたくなったときに困る。また、時間をかけて読んだり、ページを折ったり、風呂で読んでページをカピカピにしないと、何というか、本の内容が自分と一体化しない気がするのです（さすがに赤線を引いたりはしませんが）。

音楽については、最近サブスクが普及してきたので、そういう意味では盤を買う理由はいよいよ少なくなってきていますが、サブスクについて、このように考えた方はいませんか――「私はこれから一生、この月額を毎月払い続けるのか⁉」。サブスクやめたら聴けなくなると思うとぞっとしますよね。あと、ジャケットや歌詞カードの情報なども、その音源を聴く楽しみを広げてくれる。だから私は最近でも「これは！」と思ったアルバムは盤で買います。

今思うのは、いち音楽ライター／ラジオＤＪとして、あの頃「迷ったら、買う」を実践していてよかったということです。「どうしようか……⁉」と思いながら「えいや！」と買った本やＣＤに、何度助けられたことか。

058

映画は必ず前日までに予約する。

カルチャーは1秒たりとも見逃さない。

コンサートもそうですが、絶対にアタマから観なければいけないのは映画です。そもそも、冒頭を逃すと、ストーリーが分からなくなる作品もままあります。とはいえ最近は、「近日上映」の広告がダラダラと続く場合も多いのですが、でも、さすがに「近日上映」が何分続くかは、行ってみないと分からない。

そうそう、昔の映画館は、アタマを見逃したら、次の回まで居残ってアタマを確認するという奥の手が使えたものですが、最近のシネコン（シネマコンプレックス）は基本、入れ替え制ですからね。

小心者の私は、アレが嫌なのです。アレ——スクリーンに遅れて入って、暗闇の中で席を探して、荷物を置いて、スマホの電源切って、息を殺して……という一連のバタバタが。完全に気後れしてしまうのです。あと年齢的には、トイレには事前に必ず行っておきたいもの。

そこで、映画は必ず前日までに予約するのです。理由は「18時23分に席を立つ」と同じ。前日にネット予約して、上映開始時間を前提にして、明日一日の予定を組み立て直す。これでOK。

それにしてもシネコンのネット予約は便利です。何といっても席まで決められるのですから。年を取っていくごとに、人は何かに付けて「昔はよかった」と言いがちですが、昔の湿っぽい映画館に比べてシネコンはいいことずくめ。その最たるものがネット予約だと思うのです。まさに文明の利器。

そんな時代の進化を活かさない手はありません。「カルチャーは1秒も逃さないぞ」の気概で生きる。それがサブサラの極意です。

059

結婚は笑いの感性の合う人と。

人間性の本質が合う人の見極め方。

この本を読んでいる方には、独身のサブサラ（志望者）も多いことでしょう。もしかしたら真剣に結婚を考えてらっしゃる方も多いかも。結婚相手もサブカルな人がいいのか、さらには共通の興味ジャンルを持つ、共通の推しがいる相手の方が、結婚はうまくいくのか——うーむ、そこは何とも言えません。

一見、共通のジャンルや推しがいた方が、共通の話題も生まれて、結婚生活もうまくいく気もしますが、近過ぎると、ぶつかったり、面倒くさくなったりすることもあるような気がするのです。

でも、これだけは言えます――笑いの感性だけは共通していた方がいい、と。

音楽や映画、文学などに比べて、笑いの感性は、いちばん肉体的というか、感覚的というか、つまりは人間性の本質に近いと思うのです。

だからでしょう、「M－1グランプリ」の感想が、人によって見事なまでに異なるのは。「え？　あそこで笑ったの？」「え？　あのネタがいちばん面白いって？」と思ったことありませんか？　ということは、笑いの感性が合うということは、人間としての親密性も高められるはず。多分。

私の場合はどうかって？　そこは個人情報なんで勘弁してください（笑）。でも、結婚前に嘉門達夫（現：タツオ）の話で意気投合したことと、とりあえずはまだ離婚していないことは事実です。

以上です。でも、これを信じて結婚して、つらいことになっても、責任は持てませんので悪しからず。

060

サブカル女子との出会いをあきらめない。

成海璃子に励まされよ。

会社を入ってすぐでしょうか。同じくサブサラの先輩に言われたものです——「いいか、はっぴいえんどを好きで、でも外見が財前直見みたいな女は、いないぞ。『風街ろまん』で、細野さんのベースがいよいよグルーヴし始めたよね、なんて言うい い女は、いねぇ」。

まだバブルの余韻があって、六本木や青山での「合コン」が華やかなりし時期だったのですが、先輩が言いたかったことは、そんな華やかな場所に、サブカル好きの美女は降臨しないぞということでした。もう少し端的に言えば「サブカルと美貌は両立しない」。

いやぁ、ルッキズムな話ですいません。でも約30年前の広告業界なんて、ルッキズム、セクハラ、パワハラ……だらけの状態でした。辞めたので現状は分かりませんが、もしや今でも？

ただ、私が先輩に釘を刺されてから、約30年近く経って、時代の追い風がサブサラに吹きました。というのは、その間に「成海璃子事件」があったから。

成海璃子というテレビでよく見る女優さんがいますが、テレビ番組や本の中で、彼女が好きな音楽として、はっぴいえんどを挙げたのです。その他にも、何と高田渡やＩＮＵ（！）や村八分（!!）とかも。我々サブサラが狂喜したのは、いうまでもありません。

というわけで、私は独身サブサラにお伝えしたい――「『風街ろまん』で、細野さんのベースがいよいよグルーヴし始めたよね、特に『花いちもんめ』のエンディングのベースは最高、なんて言ういい女は、いる……かもしんねぇ」。

061

子供との「一泊サブカル旅行」を。

サブカルと育児を両立させる行いとして。

サブカル・パパも熱心に育児しなければならない時代です。ですが、すいません、私自身は正直、ほとんど妻に任せっぱなしという「昭和の父親」だったのですが、それでも子供（1人息子）との誇れる経験があります。それは「サブカル旅行」です。

「サブカル旅行」とは、私自身のサブカル的趣味（ここでは定義を少し広げます）に息子を引き連れる、土日一泊二日の旅行を指します。これがうまくいくと、私も息子も、そして手離れする妻も、みんなハッピーになります。

特に男の子の多くは鉄道好き。なので、まずは出来るだけ「鉄旅」の要素を増やす。子供のマニア度に合わせながらですが、例えば東京方面から仙台に行くときに、安易に東北新幹線を使わず、常磐線の特急「ひたち」で行くなど、子供の満足度を高める工夫をしたいところです。

野球観戦ツアーもありですね。うちの息子はそんなに野球には目覚めなかったのですが、それでも球場という建造物には、心を動かされていたようです。まるで要塞のような札幌ドームの作りに夢中になっていた息子が懐かしい。

いちばんのおすすめは美術館。それも現代美術。一見、敷居が高そうですが、実は逆で、鉄道よりも球場よりも子供を惹き付けます。16年に、金沢21世紀美術館で一緒に観たビートたけしの美術展「アートたけし展」は最高でした。

今や大きくなって、ほとんど口も利いてくれない息子ですが、だからこそ、あの頃何度も行った「一泊サブカル旅行」の思い出が懐かしく、かけがえのないものに思えてくるのです。

062

テレビ東京の深夜ドラマを見る。

「大衆」感覚をアップデートするために。

新しいカルチャーに触れておいた方がいいと思います。いつかはカルチャー界で食っていこうと思っているならなおのこと、そうでなくとも、意識的に更新しないと、カルチャーへの感覚・嗅覚はどんどん凝り固まっていくもの。

音楽のサブスク、動画の配信サービスには、マイナス面があると思っています。

好きな音楽家や映画監督の作品は、あれもこれも何回も楽しむことが出来ます。でもその結果、自分の趣味嗜好に凝り固まってしまう。「大滝詠一の曲は全曲聴いたけど、米津玄師って誰？　百人一首に出てくる人？」みたいな。

今や死語となりつつある「大衆」。このふわっとした概念＝大衆を相手にしたメディアにも意識的に触れておくのがいいでしょう。そして、ふわっとした大衆相手のふわっとしたメディアの代表と言えば、もちろん地上波です。

私が意識的に見ているのが、テレビ東京の深夜ドラマです。「新しいカルチャー」とまでは言い切れない、「新しいかもなサブカルチャー」への挑戦心が詰まっているからです。番組制作の裏側など知りませんが、「新しいことやってやんよ！」的な野心を強く感じる企画が多い。

そして、そんな野心の中から『孤独のグルメ』『きのう何食べた？』などの成功シリーズが生まれたわけですが、まだ見ていないなら、すでに定評を得たこの2作よりは、まさに今、野心を持って挑戦している、わけの分からない（失礼）番組を「先物買い」することをおすすめします。

その先物買い、もし失敗したとしても、あなたの感覚は、確実にアップデートされるのですから。

063

「早朝サブカル」のくせをつける。

通勤カルチャー時間を自宅で再現する。

会社を辞めてよかったと思うことのひとつに、早起きする必要がなくなったことがあります。

私の勤めていた広告業界は、わりと朝はルーズだったのですが、それでも朝9時にオフィスに着かなければ行けない日が、月に何日かありました。私は都内から遠いところに住んでいるので、殺人的な満員電車に立って長く揺られることが、この上ない苦痛だったのです。

辞めてからは朝に余裕があります。そして会社員の方でも、リモートが増えた結果として、朝の通勤がなくなり、仕事前の朝に余裕のある時間を過ごせるようになった人も多いはず。でも、その余裕、単なる睡眠時間、ダラダラ時間になっていませんか？

そこでおすすめしたいのが「早朝サブカル」です。何かというと、かつて通勤時間でアルバム1枚、文庫本数章読んでいたように、仕事前の自宅で、1枚、数章、聴く・読む習慣をつけるのです。よく考えたら、通勤電車の中なんかより、よっぽど落ち着いて楽しめるはずなのですから。

朝8時に自宅の机に座る。リモート会議は9時から。その前にイヤフォンで好きな音楽を爆音で聴く。YOASOBIを聴いて歌いまくり、レッド・ツェッペリンを聴いてエアギターしまくった勢いで、リモート会議で発言しまくる！

「家で音楽を聴かない、本を読まない」という人も多いと聞きます。でも在宅時間をカルチャー時間に出来れば、あなたの人生はもっと充実するはずです。そのためにはまず「早朝サブカル」です。

064

楽器は置きっぱなし・開けっぱなしで。

楽器を弾き続ける「ガキサラ」になる。

楽器の話を少々。「スージーさんって、ギターもピアノも弾けるんですねぇ、すごいですねぇ」なんてよく言われます。悪い気はしませんが、正直そんなに弾けません。両方ともコードを鳴らせるぐらい。でも楽しいですよ。

「すごいですねぇ」とよく言われるのは、それくらい「昔弾けたのに今は弾けなくなった人」がめっちゃ多いことの反動だと思います。特に会社員になったら、楽器のことなんて、すっかり忘れてしまう人が何と多いことか。

サブサラなら、いつまでも「楽器を弾き続けるサラリーマン」＝「ガキサラ」でいましょうよ。

でも、弾かなくなる理由はよく分かるのです。例えば家にアップライトピアノがあるとして、そういう人は、あのベルベットみたいな赤い帯（？）を鍵盤の上にきれいに乗せて、蓋を閉じっぱなしにしています。不思議なのは、そういう人に限って、年に1度くらい、ちゃんと調律していること。

ギターだと、ハードケースに入れて、さらにはご丁寧に押し入れに入れたりしている。てか、そんなん、そもそも弾き続ける気がないんとちゃうの？

ギターの教則本も書いたことがある音楽評論家として言わせてもらえば、ギターなんて裸で置きっぱなしでいいのです（ただし安いスタンドに乗せて）。ピアノの蓋なんかも開けっぱなしでいいのです。だって、弾きたいと思ったときに、すぐ弾ける方が楽しいじゃないですか。楽器の方も、弾いてもらえることを望んでいると思いますよ。あと、楽器って案外タフだし。

置きっぱなし、開けっぱなし。これぞ「ガキサラ」なのです。

065

「リスニング・ウォーキング」を心がける。

サブサラにぴったりなエクササイズとして。

健康は大事です。と、びっくりするくらい普通の話から書き出してみます。会社員ももちろんですが、フリーランスになると、まさに身体が資本。大病した途端、収入がぱったり途絶えてしまうわけなのですから。

健康にはウォーキングがいいですね。と、こちらもびっくりするほど普通の話。

でもサブサラにとっては、健康だけでなく、さらにいいことがあるのです。それは「ウォーキングは音楽やラジオのリスニングタイムとして最高」ということ。

忙しい会社員、アルバムを1枚聴くまとまった時間が取れない人が多いのでは？　だとしたらウォーキング中に聴くのがいい。アルバム1枚を1時間とすると、1時間なら4キロ、聴いている間に約6千歩歩くことが出来る計算になります。ちょっと足りないか。1万歩を目指すなら2枚組アルバムか。

あとラジオ好きには、ラジコのタイムフリーという文明の利器がウォーキングには最高です。こちらも1時間番組で約6千歩。90分番組がちょうどいい。でも「絶対に1万歩」などと欲張らず、毎日60分くらいが長く続きそう。

サブスクやラジコの普及で、音楽やラジオを聴くのはスマホからという時代になっています。結果、部屋にオーディオがないという人も多いと聞きます。ならば逆転の発想で、ウォーキング時間をリスニング時間にするのです。

ただウォーキングだと物足りない、もっとハードなエクササイズをしたいという人には「水中リスニング・ウォーキング」がおすすめ。防水プレイヤーを聴きながら水中ウォーキングするのです。これなら60分で効果絶大です。

066

高級オーディオよりBluetoothスピーカー。

それも風呂の中で使える防水機能付きの。

「音楽評論家なんて肩書きを掲げているのだから、さぞがし、いいオーディオシステムをお持ちなんでしょう?」と聞かれるときがあるが、残念ながら答えはノーです。

一応仕事で必要なので、一応レコードプレイヤーを持ってはいますが、30年ほど前に買った、そんなに高くない一応な代物です。その上プレイヤーは、小さなアンプ、小さなスピーカーとともに、背丈低めの洋服ダンスの上に乗っているのですから、まぁ大したものではありません。

そりゃあ、お金があれば、いいオーディオでレコードを聴きたいものですが、我々の職業的には、月に1回、最高のオーディオルームでレコードを楽しむよりは、サブスクでもいいので、日がな音楽を聴き続ける方がいい。言わば「音楽との接地面」を広げる方が、仕事的に有益だと思っています。

おすすめは防水機能付きのBluetoothスピーカー。スマホとつないで、サブスクやラジオ（ラジコ）を風呂の中で聴くのです。バリバリの会社員なんて、私よりも忙しいはずなのだから、バスタイムをリスニングタイムにすればいい。

とにかく、音質にあまりこだわらない方がいいと思うのです。こだわるのは音質とか音響ではなく、音楽そのものにするべきではないかと。

というわけで私は今夜も、風呂の中で本を読み、音楽を聴きます。経験で言えば、「お風呂読書」には新しい本がいいのですが、「お風呂音楽」はなぜか古いのがいい。特にカルチャー・クラブとサイモン&ガーファンクルが風呂に合うのです。なぜだろう。

067

クルマは「動くリスニングルーム」。

車種よりもスピーカーにこだわる。

クルマがステイタスシンボルだったのは、いつ頃までだったでしょうか。私が会社員になった頃は、クルマの選択は非常に重要だったものでした。もちろん高級外車に乗っていると、その人のステイタスが高くなる。

しかし、今やそんなことはないですね。ハイブリッドや電気自動車の登場が決定的だったと思います。電気で動くって、要するに昔こさえた、乾電池とモーターで動くプラモデルと同じなのですから。

あと、東京とか大阪とか、大都市に住んでいる限りは、公共交通機関が発達しているし、駐車場代も高かったりするので、無理にクルマを買うことはない。

ただ、もしサブサラとして1台買う理由があるとしたら、それは「動くリスニングルーム」として、です。

音楽について、昔と今のいちばん大きな変化は、音楽がスピーカーではなく、スマホにつないだイヤフォンで聴くものになったということでしょう。家にコンポやスピーカーがないという人も多いのでは。

しかし、スピーカーから空気を震わせて聴く音楽は、イヤフォンからとは決定的に違うと思うのです。月に1度くらい、空気をガンガン震わせる爆音で、音楽を堪能したいという気分になりませんか？　私はなりますね。

だから動くリスニングルームとしてのクルマを買う。車種自体は軽自動車でもいいので、カーオーディオのスピーカーだけは、ちょっといいものにする。そして、ちゃんと気持ちのいいイコライジングや定位にする。車を買う理由はこれですよ。てか、これだけだな。

068

「カルチャー道の駅」を作る。

空き時間をカルチャーするために。

突然時間が余った。カフェでぼーっとするにしてはちょっと長そう、でも見たい映画はやっていないし、家に帰るほどの時間はない……というときに、時間つぶしが出来るエリアを決めておくと、いろいろと便利です。

ドライブの途中に立ち寄って、休憩がてら、買い物がてらブラブラする「道の駅」

って、あるじゃないですか。あの都市版・カルチャー版ですね。つまり「カルチャー道の駅」です。

具体的にいえば、本屋や中古レコード屋、喫茶店、レストランなどが密集していて、90分程度時間がつぶせる街というイメージです。私だったら、というか、東京だったら、まずは神保町でしょう。

具体的にいえば、ランチは「キッチングラン」で、とんかつとしょうが焼きの盛り合わせ定食を食べて、大学生のときのように腹いっぱいになった後、散歩がてら、まずは中古レコード屋巡り。「レコード社」→「タクト」→「富士レコード社」→「ディスクユニオン」という順で、歌謡曲のドーナツ盤を漁る。そして、新刊探しは何といってもサブカル本の聖地＝「書泉グランデ」、疲れたら「さぼうる」などの老舗喫茶店で、買ったドーナツ盤や本を眺める。

「カルチャー道の駅」として、神保町はさすがに理想的過ぎるかもですが、大なり小なり、そういうエリアは、どの都市にもあるもの。で、大事なのは、足繁くそのエリアに通って、新しい店を絶えず開拓して、さらに気分良く時間つぶし出来るようにする努力を怠らないこと。

あなたの「カルチャー道の駅」はどこですか？

069

引っ越しという「関所」を超える。

それか、終の棲家を早く決めるか。

「本やCD、レコードは決して捨てない。なぜならいつか読みたく（聴きたく）なる日が来るのだから」というポリシーを持って生きていく。これぞサブサラです。なんて意気込んでいても、そんなポリシーに対する敵と戦わなくてはならない日が来ます。まずは家族ですね。散乱している本に対して「うざい！」「捨てろ！」「どうせ読まないだろが！」という家族からの攻撃と戦う、いや、攻撃をひたすら耐え忍び、タイミングを見て敵と融和することが必要です。

しかし、本当の敵は家族ではありません——引っ越しです。

引っ越しのとき、本やＣＤ、レコードの山を見て、あなたは思うことでしょう。

「うざい！」「捨てようか！」「どうせ読まないだろうから！」。

特にＬＰレコードがパンパンに入った段ボールの重さは半端ではありません。「塩化ビニールって、こんなに重いんだぁ」とげんなりするものです。

さらには、その段ボールの中にあるＬＰが、例えばノーランズのベスト盤だったりしたら「これ、一生聴かないだろうなぁ」と思い、「なら、いっそ捨ててやろうか……」という悪魔のささやきが聞こえてきます。

そう、引っ越しとは、サブサラの一種の「関所」なのです。ここを乗り越えればサブサラを続けられる。でもそこで捨ててしまったら、単なる「サラ」になってしまう。まっさらな「サラ」に。まっサラに。

逆に言えば、大事なことは「引っ越しをしないこと」なのです。既婚だろうが独身だろうが、早めに「終《つい》の棲家」を決めましょう。それがいちばんです。

070

スライド本棚は、神だ。

でも本やCDを並べてうっとりしない。

部屋の中に散乱していく本やCDをどう整理整頓するかは、サブサラとしての大きなやっかい事のひとつです。

まず先に突きつけておくと「完璧な整理など出来ない」と思った方がいい。

世の中には本やCD、レコードなどをきれいに並べたさまを見てうっとりとする人種がいますが、そういう人は、並べたものをちゃんと味わっていない、つまりきれいに並べることが目的化した人だと思うのです。

逆に並べ方なんてどうでもいい、というか、まずは読んで・聴いて・楽しんで、その後、とりあえず一つの場所に収めておきたいという（私含めた）人種におすすめなのが「スライド本棚」です。分かります？　あの前後の二段階式になっていて、前の棚が横にスライドするあれです。あれ。

私はスライド本棚を長く使っています。あまりあれこれ考えず、本やCDをとりあえずぶち込んでおくのに最適だから。お世辞にも広いとは言えない自室の中、一定の容積に、効率的に収めておくのに重宝するからです。

細かい話をすれば、CDはサイズが（ほぼ）同じなので、音楽家名の五十音順（邦楽）、ABC順（洋楽）で並べるのですが、本は適当にぶちこみます。レコードは残念ながら、スライド本棚にはサイズ的に収められません。

でも不満があるのは、後ろの棚に収めた本やCDがちょっとでもせり出すと、前の棚とぶつかって、結果、前の棚がスライド出来なくなること。そしてぶつかったときの「ガタン！」という音が何とも不快。そのあたり改善されたスライド本棚があれば買い替えたいと思っているのですが。

スージー鈴木の

サヴサラクロニクル

40代編

サブカルサラリーマンとしていかに生きたか、
スージー鈴木の履歴をたどる

2006年（40歳） サイト「野球浴」を友人と立ち上げ、その中の野球音楽のコーナーに自作曲を次々とアップし始める。記念すべき1曲目は『ダルビッシュ・ブルース』。

2007年（41歳） このあたりから数年、会社生活が忙しくなった反動で、カルチャー活動がおろそかになる。そんな中、かすかに触れていた音楽の中で選んだ個人的レコード大賞は以下。

・2007年：くるり『ワルツを踊れ』
・2008年：木村カエラ『Jasper』
・2009年：木村カエラ『Butterfly』

2009年（43歳） 名義は「スージー鈴木」のツイッター（現：X）開始。カルチャー活動の根城となる。

2010年（44歳） 千葉ロッテ「下剋上」で日本一に。

2011年（45歳） 非常勤講師として授業をしていた大阪芸術大学の教室で東日本大震災に遭う（大阪もそれなりに揺れた）。生命の有限性について考え始め、表現活動に本格的に踏み出す決意を固める（このあたりの心理状態の詳細は拙著『恋するラジオ』に）。

2014年（48歳） 初の著書『【F】を3本の弦で弾く ギター超カンタン奏法』（ギター教則本）上梓。

2015年（49歳） 博報堂で局長に昇進。仕事内容が「ザ・中間管理職」という感じにガラッと変わる。2冊目の著書『1979年の歌謡曲』を発表。

第四章

サブサラは、こう表現する。

071

「あきらめたこと」にこだわる。

「やりたいこと」を無理矢理探すよりも。

会社にいて、それなりに偉くなってからも、テレビに出たり、本を書いたりしていました。けれど当時は、それが異常なこと、変なことだと、一切思っていませんでした。

それくらい、外に向かって音楽を語ることが好きだったのでしょう。だから異常だとは思わなかった。むしろ会社員だからといって、そういうあれこれをあきらめる方が異常だと思っていました。

「やりたいことが見つかりません」という定番の悩みがあるようです。でも、この定番悩みに対して、ちょっとだけ違和感を抱くのは、悩んでいる人は、これまでの人生経験とはまったく無関係のあさっての方向から、「やりたいこと」とやらが転がってくると思っているのではないかということ。

音楽を語ることが好き。ただこれ、ずーっと前、高校時代に学校の図書館で渋谷陽一の『ロックミュージック進化論』（日本放送出版協会）という本を読んだときから好きだったのです。つまり私は「やりたいこと」を、あさっての方向から見つけたのではなく、むしろ、ふんぎり悪くあきらめられなかっただけ。

カルチャー系であれ、それ以外であれ、「会社以外にやりたいことを見つけなきゃ」的な雰囲気は、特に40代後半以上の方には、けっこうキツいんじゃないかなぁ。

むしろ「あの頃やりたかったこと」「でも、あきらめざるをえない雰囲気に飲みこまれて捨てたこと」を思い出して、その熱かった想いを再活性化させるという方が正直なんじゃないかと思うのですが、どうでしょう。

072

会社員だからこそ投稿する。

投稿しちゃいけない理由はどこにもない。

昔は、ラジオ番組に熱心に投稿する人を「ハガキ職人」などといいました。私は、早くも小学生時代に、大阪ＭＢＳラジオ『ヤングタウン』に投稿するハガキ職人になりました。

ハガキ職人……年齢的には、さすがに私は早熟過ぎたとしても、10代後半から20

代前半の若いイメージでしょう。会社員になってもハガキ職人を続ける人は、さすがに少ないと思います。

理由として、まずは忙しくなってネタを考える余裕がないということがありそうですが、それだけではなく、「もう大人なんだから、投稿なんて気恥ずかしい」という意識が関係しているのではないでしょうか。

「違う！」と思いますね。むしろ逆、私は「会社員だからこそ投稿して、応募して、エントリーしろ」と思うのです。

だって、あなたには、若かりし頃よりは多少の財力がある。デモテープひとつにしても、あの頃よりもかなりリッチな音で作れるはず（機材の進化も甚だしいですしね）。

いま手元にあるのが91年の「テレビブロス」。その中に「泉麻人のコラム通信講座」という投稿企画があり、会社員2年目の私の投稿コラムが載っているのです（「東京都杉並区・新城弓彦」名義）。うれしかったものです。そしてこの投稿をきっかけに、泉麻人さん本人と知り合うことも出来たのです。

「もう大人なんだから、投稿なんて気恥ずかしい」ではなく、「もう大人なんだからこそ、投稿する」という気概でしょう、あなたが持つべきは。

073

サブカルな自分をSWOT分析する。

今活かすべき追い風と強みは何か。

マーケティングや経営関連の部門で働いている人には、おなじみかもしれません。「SWOT分析」ってご存じですか？

その企業や事業、商品についての現状認識を「Strength（強み）、Weakness（弱み）、Opportunity（機会）、Threat（脅威）」という4つに分けて（4つの単語の頭文字が「SWOT」）、4マスに箇条書きで埋めていくものです。

一見、アカデミックな話に聞こえるかもですが、言いたいことは、サブカル系書き手・語り手の自分について、冷静な状況認識が必要で、ブレイクに向けて、いちばんのポイントは「O」（機会）だということです。

「Opportunity（機会）」を言い換えると「追い風」。外的環境として、自分の追い風となるのは何かを見極めることが大事だということです。以下、私の場合について、具体的に説明します。

約10年前、本を出し始めた頃の私には「80年代ブーム」という追い風が吹いていました。それが「80年代音楽に強い」という私の「S（強み）」と結び付いて、デビュー出来たのです。

ただ、今となっては、「90年代」や「シティポップ」という、私にとって、ど真ん中ではないジャンルに追い風が吹き始めています。ということは、新たな追い風を見つけ、それを強みとして、打ち出していく必要がある。

というわけで、サブサラが増加するだろうという追い風、サブサラ経験者としての強みを活かして、私はこの本を書いているのですが――。

さぁ、あなたが活かすべき追い風と強みは何でしょう。

074

焦らず「50代デビュー」を目論む

40代までの会社員経験がカルチャー界転身の武器となる。

ここでは、多分に自己肯定に聞こえそうな話をします。

「50代で退職してカルチャー界に転身」って、案外いいような気がするのです。あ、慌てて補足すれば、もちろん若くしてデビュー、ブレイクして、好きな仕事で食っていくのが、いちばん素敵なのですが、それだけじゃなかろうと。

「50代デビュー」がいいのは、まず「40代まで食いっぱぐれない」ということです。額には違いあれど、とりあえず定収があるということは、めちゃくちゃ大きい。若いうちにサブカル界に身を投じて、食いっぱぐれの危険に遭遇、「貧すれば鈍する」で、好みじゃない仕事も受けて疲弊……となっていく「サブカル負の循環」に陥る危険がない。大事なことですよ。

あと、別項でも書きましたが、定収があるということは、カルチャーコンテンツに定期的に触れられるということです。もちろん本とかCDも、ある程度は買い続けることが出来る。これも大事。

あと、会社員という世を忍ぶ仮の姿で、PCや事務作業から経営まで、ビジネスのイロハを学ぶことが出来る。要するに、カルチャー界転身後に向けた武器を着々と準備できる。これも大事、それが大事。

あと個人的には、まだカルチャー副業が、そんなに忙しくなかった40代に、子供との「一泊サブカル旅行」が出来たのが大きかった。で、子供がある程度大きくなり、こちらが相手にされなくなった50代から、副業が忙しくなったのは、絶妙な切り替えタイミングだった気が。

終わっちゃったのかなぁ？　いえ、まだ始まってもいません。

075

90年代にデビューしなかったのは幸運だ。

これからが「咲き時」と思い込む。

「遅いデビューでよかった」と本気で思います。その理由として、会社員で定収があったこと、その定収で本やCDという、今の仕事につながる武器をたくさん仕入れられたことなど、いろいろな理由を挙げることが出来ます。

ですが、心の底から思うのは「90年代にデビューしなくてよかった」ということ。

言い換えると「あの頃デビューしていると、今ごろアウトだろう」。

90年代といえば、テレビ界、ラジオ界、出版業界もまだまだ好調でした。ネットがなかった分、世にあふれる情報すべてを、すべてメディアが握っていた。

そんなメディア界の中で、書いたり喋ったりしているサブカル連中は、ふんぞり返っていたものです。露悪的な振る舞いをして、読者やリスナーを小馬鹿にして、なかなかに不愉快だったものです。まして私はサブカル志向の会社員。あの頃は、活躍しているサブカル連中に弾き飛ばされた感じがしたものです。当時の発言が掘り起こされて炎上している人には、ちょっと同情しますが。

で、もし何かの間違いで自分も、あの頃、書いたり喋ったりしていたら、そりゃ有頂天になっていたでしょう。「はっぴいえんど聴かない奴はバカだ」くらいのことを言って、それがいま掘り起こされて炎上していたかも。

今50代になって、時代に合わせて粛々とやれるのは、あのときに墓穴を掘っていないからです。だから「90年代にデビューしなくてよかった」。

プロ野球の名監督・三原脩は「花は咲き時、咲かせ時」と言ったそうです。私もあなたもこれからが「咲き時」なのかもしれません。てか、そう思い込みましょう。

076

会社で鍛えた事務処理能力を武器に。

会社員の当たり前は、カルチャー界の異常。

「大学生がキャバクラで働いている」というと、いいイメージはないけれど、「キャバクラ嬢が大学で勉強している」というと、途端にいいイメージになるというネタがあります。

そういえばビートたけしのネタで「役者バカというとロバート・デ・ニーロにな

るけれど、バカ役者っていうとたこ八郎になる」というのもありましたが。

「会社員なのにサブカル」といわれると、いかにも仕事が出来なさそう、態度も悪そうというイメージですが、「サブカルなのに会社員」、さらには「サブカルなのに、社会性があって、人当たりもよくって、事務処理能力も高い」といわれると、カルチャー業界で大きな武器になりそうです。

芸能人が1人で電車にすら乗れないという話をよく聞きますが、こちらはもちろん、ぜんぜん余裕で乗れます、海外出張も1人で出来ます。メール対応も遅れませんし、なんなら請求書も作れます——会社員としての当たり前は、カルチャー業界、ひいては芸能界での異常なのです。

私の仕事でいえば、これから出演料や執筆料が上がる予感などまるでありません。停滞衰退市場なのでしょう。だから、マネージャーを抱えることなんて夢のまた夢。フリーランスで、ピンでやり続けなければならない。

でも、そこにストレスをあまり感じません。なぜなら私は、会社員で鍛えられた「事務処理王」だから。むしろマネージャーとかがいるとウザそう——。

会社員のときには何の差別化にもならない事務能力。でも舞台を変えるとかけがえのない武器になるのです。

077

まずは「週一ライター」を3年続ける。

書けば書くほど上手くなる「文章の学校」。

ネット記事を書くことから始めてみましょう。noteでもブログでも、もちろんSNSでも構いません。いちばん大切なのは、何といっても継続的に書き続けることです。では、どれくらいのインターバルで書くのか。

本当は日記がいい。ただ、専業ならともかく、会社員に毎日更新はさすがにつらい。時間的にもそうだし、ネタを毎日見つけるのもしんどい。

そこで私が提案するのは、毎週日曜夜に更新する「週末ライター」です。

たとえば１０００〜１５００字くらいの記事を毎週書く。最初はしんどいかもですが、一週間のプロセスが身体になじんでくると、楽になってきます。「木〜金曜：着想→土曜：骨子→日曜：執筆」みたいな流れを身体になじませる。

なじんでくると、書くスピードも上がる。１０００〜１５００字だと、骨子がある前提で、30分以内で書けるようになればいいですね。

文章は、人に読まれる形で書けば書くほど、どんどん上手くなる。またアクセス数や「いいね」数の結果から、タイトル付けの極意も身に付いてくる。

私自身も、インターネット黎明期の99年から、約20年にわたって、音楽や野球についての記事を、自分のサイト上に、週一インターバルで書き続けて（というか、書き殴って）きました。自分で言うのも何ですが、書けば書くほど、文章が洗練されていく。今から考えれば、あれは「文章の学校」でした。

「そんなのみんなやってるじゃないか」と思うでしょう？　いやいや見ていてください。週一の記事を3年書き続けることが出来る人は、ほんの一握りです。まずはその一握りになることです。

078

批判ではなく称賛を語る。

目的は、カルチャーシーンの活性化。

接したカルチャーの感想をSNSなどにせっせと投稿しましょう。投稿は備忘録にもなりますし、また、自分だけでなく多くの人々に見られる形で書き続けることは、カルチャーについての語りっぷりを鍛えていく効果があります。
ただ問題は、ショボいコンテンツだった場合、批判めいた感想を書きたくなることとです。当然です。無理に褒める必要などありません。それでも批判めいたことを書くと、そのコンテンツの支持者、ファンダムからの反論がまとわりつくことが正直、面倒くさい。

本音をいえば、そういう異論反論と議論していくことの積み重ねが、カルチャーシーンの活性化につながっていくと信じているのですが、それでもストレスはかかるもの。あと、異論反論とはいえない感情的なリプライに対応するのもめちゃくちゃうっとうしい。

ストレスや面倒くさいことは会社仕事だけにするべきです。ではどうするか——「批判ではなく称賛を語る」のです。

具体的には、例えばAというコンテンツがショボかったとして、その中でもいい部分を見つけて、そこを称賛する。もしくはAについては書かず、そのライバル的なBというコンテンツを称賛するとか。さらにBを称賛する理由として、Aに足りなかった要素を付け加える、くらいがちょうどいいかも。

SNSの言論環境がまだまだ未成熟なこの時代、無理なストレスを抱え込む必要はありません。そして称賛も、ちょっと切っ先は鈍くなるけれど、結果的にはカルチャーシーンの活性化に十分につながると信じて。

079

「いいね獲得競争」から逃げない。

うまいひねり方の訓練を自らに課す。

ＳＮＳで日々起きているのは、つまるところ「いいね獲得競争」だと思います。タイムラインを眺めていると、世間の耳目を集める何かが起きたとき、「いいね」の獲得に向けた大喜利状態になります。私はアレ、嫌いではありません。むしろ、年甲斐もなく参加して、よく討ち死にしています。

討ち死にしながらも懲りずに参加するのは、ライターとして世間の耳目を集めるいい訓練になるのではないかと思うからです。「いいね」を集めるネタや、その書きっぷりは、自ら書く原稿にも、いいフィードバックがあると思うから。

もちろん、「いいね」を集めるとフォロワー数も増えて名が知られるので、いわば売名行為としてやっているフシもあります。

といっても私の場合、これを書いている段階のXのフォロワーが1万6千人程度（執筆時）なので、そんなに大したことはないのですが、しかし、いや、だからこそ大喜利に果敢に挑むのです。

では「いいね獲得競争」に向けて、どんな書き方がいいのか。ちょうどこの項を書いている日の前日に、阪神タイガースが日本一になりました。単なる「おめでとう」で「いいね」を集められるのは有名人だけ。私のような者は、うまくヒネらないといけません。そこでこんなポスト。1日経って「いいね」359、リツイートが195。私としてはかなり高い水準となりました。

――38年前、阪神が日本一を決めた日の翌々日のオリコン週間シングルランキング。1位：恋におちて／小林明子、2位：およしになってねTEACHER／おニャン子クラブ、3位：碧い瞳のエリス／安全地帯（23年11月6日）

080

でも「いいね」のために褒め過ぎない。

「麻薬」が生む「褒めインフレ」を避ける。

音楽評論家として、ある音楽家や作品を褒める書き込みをしたときに、「いいね」が予想以上にめちゃくちゃ伸びているときがあります。理由はいうまでもなく、その音楽家の熱烈なファンが「いいね」しているわけです。

ただ、面白いのは、かなり褒めたとしても、「いいね」が伸びる音楽家と伸びない音楽家がいることです（あえて音楽家の名前は出しませんが）。ファンの一体感、「推し」の情熱の差異なのでしょう。逆もそうで、（あまりしませんが）否定的な書き込みをしたら、ファンからキレられる音楽家と、大して何も起きない音楽家がいる（こちらもあえて音楽家の名前は出しません……）。

「いいね」が伸びると気持ちいいものです。一種の麻薬かもしれません。私も一時期、その麻薬が過度に効いた時期があり、褒める書き込みに拍車をかけたことがあるのですが、途中で、こりゃヤバいと思い始めたのです。

ヤバさの理由としてまず、褒め続けていると、その音楽家の応援団長みたいな立場に祭り上げられてしまいます。そうすると、その音楽家がダメな作品を発表したときにも、けなせなくなっちゃうんですよね。

また、手放しで褒め過ぎてしまうと、その音楽家、もしくは別の音楽家がさらにいい作品を発表したときに、褒める言葉がなくなる。一種の「褒めインフレ」になってしまうのです。「このアルバムは10年に1枚の傑作」って、毎月書いている評論家が昔いたような（笑）。

褒める書き込みに「いいね」が伸びたとしても、それは多分にファンが推す音楽家の力であって、あなたの力ではないのです。

081

「マニア競争」に陥らない。

知識ではなく、触発された何かを語る。

会社員のかたわら、カルチャーっぽい何かについて、あなたが書き始めたとします。そして例えばｎｏｔｅに書いた記事を関連ハッシュタグ付きのＳＮＳで告知したとします。もちろん誰もまだライターとしてのあなたを知りません。

そうすると、ほら来た来た、来ましたよ。あなたに対してマウント取ってくる奴が。いわゆるマニア、おたくの方々ですね。彼らは口々にののしってきます。「分かってねぇなぁ」「事実間違ってますよｗ」……。結論から言うと、こういうのは無視するべきです。そしてどちらにもへこたれないことが大事。

いちばん大切なのは「マニア競争」に入らないということ。どんなテーマにも、めっちゃ詳しいマニアが世間には存在します。彼らはもともと詳しい上に、日々ネットの情報を漁って、膨大な知識を手に入れています。つまりは絶対に勝てるわけないのです。でも、それを気にしていたらあなたは、どんなテーマに関しても一生書けないということになってしまう。

だから知識で勝負する「マニア競争」ではなく、そのテーマについて「自分がどう触発されて、何を考えたのか競争」で勝負する。

それでも「分かってねぇなぁ」と言ってくる「分かってねぇなぁ君」が出てきたら、「なら、あなたも書けばいいじゃないですか」と返せばいい。彼らのほとんどはマウントが目的化しているので、自ら記事を書くことはないはずです。

そして「事実間違ってますよｗ君」には……しれっと事実を修正しておけばいい。自分の責任で書くノーギャラ記事、「しれっと修正」に何の問題もありません。もちろん、「ご指摘ありがとうございました」という返信も不要。

082

マニア用語とニックネームは使わない。

人を蹴散らすような表現を天敵だと思う。

SNSにおけるカルチャー作品の感想書き込みを強く強く推奨するものですが、その文体、筆致には一定のルールが必要と思っています。

まずはマニア用語を使わないということ。平たく言い換えれば専門用語。専門用語を使うということは、その用語が分からない読者を蹴散らす効果があり、その効果は予想以上に強い。

「分かる奴だけ分かればいい」というのは、いつか何らかの形で表現する側に立とうと思う人が絶対に持ってはならないメンタリティです。だって人を蹴散らすということは、自分のファンが育たないということだから。

私が扱うテーマでいちばん専門的なのは、コード（和音）の話だと思います。実際に音を流すことが出来ない文字世界の中で、コードの響きを再現するのは、かなり難しい。てか、基本的に無理。

だから、せめてもと思い「後ろ髪コード進行」「きゅんメロ進行」など、コード進行をネーミングしたりします。それでも100％理解されるわけではないのですが、それでも伝えようとする努力は、絶対にマイナスにはならない。

あと気を付けているのは、音楽家をニックネームで呼ばないこと。ニックネームを使った瞬間、文章がファンダムに閉じていきます。なのでたとえ沢田研二であっても「ジュリー」とは決して呼ばないのです。「ジュリーの新曲」と書いた瞬間、沢田研二ファン以外を遠ざける気がするから。

マニア志向、選民意識、内輪受け、「分かる奴だけ分かればいい」――私の数少ない天敵です。

083

芸名&顔バレで芸能活動する。

社外デビューする勇気を持つ時代。

芸名はもちろん、社外に広めるためのものです。名刺に刷って配って、あなたの芸名をあなたの望むサブカル界で広める旅が始まるのです。そして、その芸名でSNSアカウントを持つのは必須です。

私が最近、SNSに関して思うのは「顔バレ」しちゃってもいいのではないか、むしろ「顔バレ」しちゃった方がいいのではないかということです。

確かに抵抗感を持つ人が多いでしょう。社内で見つかるのが嫌ですもんね。でもイラストとかではなく、アイコンを実際の顔にした方が、圧倒的に視認性が高まります。ましてや、その顔がイケメンとか美女だったら、さらに視認性が高まり、フォロワーが早く増えていくことでしょう。

そして、その芸名で、あなたのサブカル的な個性を表す書き込みを続ける。短文だけではなく、ｎｏｔｅとかで長文記事を書くのもいいかもしれません。それはもう立派な「活動」ですね。「芸名（での）活動」を超えた「芸能活動」だ。

いろいろと芸能活動をやっているうちに、不思議な感覚が身に付いてきます。「はじめまして●●●（例：スージー鈴木）です」と自然に言っている自分に気がつくのです。つまりそれは、芸名の自分が常態化しているという感覚。そうなったらしめたものですね。本名だけの人生と、本名＋芸名の人生、絶対に後者のほうが楽しいのですから。

芸名、顔バレ、芸能活動――確かに、会社員としては、ちょっと勇気が要ります。でも、繰り返しますが、踏み出すことを強くおすすめします。その理由を一言で言えば――もう、そういう時代だと思うのです。

084

会社員のうちからメディア露出する。

手続きにメゲない「ハーフ・フリーランス」に。

何度も書いていますが、会社員のうちからカルチャー界で有名人になることを強くおすすめします。気分は「ハーフ・フリーランス」。会社員半分、フリーのカルチャー野郎半分という気概で生きるのがいいと思います。

そのためにはメディア露出です。億劫に感じる人も多いかもですが、どんどん出ていいのではないでしょうか。そういう時代です。

露出が見つかることに抵抗を感じる人もいるでしょう。でも、私の経験からすると、いいことの方が圧倒的に多いですね。「スージーさんがこの前書いてた記事、よかったですよー」なんて、社内や取引先に言われたりして。あ、もしかしたら陰でいろいろ言われていたのかもしれませんが、それを気にしてたら、なんにも出来ませんよね。

特に最近はウェブメディアが広がっているんで（媒体としては玉石混交ですが）、そういうところで名前や顔を売っておくのがいいと思います（あ、そういう露出用にプロフィール写真を撮っておくのもいいですよ。最近は安いサービスがたくさんあります）。

ひとつ気になるのは、勤め先の内規です。小さなウェブメディアに出るのにも、細かい資料を提出しなければならない会社は、特に大企業には多いと聞きます。白状すれば、博報堂にもかなり面倒な手続きがありましたね。

でも、そんなのでメゲていてはダメです。逆に「またですかぁ」と言われるくらいきっちりと資料提出して、名前を売っていきましょう。それこそがこれからのサブサラなのです。

085

「SNS書き込みハードル」を下げる。

勝手に忖度してハードルを上げない。

会社員たるもの、SNSに自由な書き込みがしにくいものです。私自身のことを考えても、特に晩年は、何となく息苦しかったことを憶えています。自社の悪口や秘密漏洩なんかは論外としても、自社や他社が手掛ける広告の批判や称賛も何となく億劫でしたし、さらには自社の抱える多くのクライアントや、（広告業界に近い）メディアについて語ることも難しい雰囲気がありました。社員のSNSが監視されているという噂もずっとありましたし。

でも、いわゆる忖度というのでしょうか、社員の側で、書き込みのハードルを勝手に上げている感じがあって、あれは問題だと思いましたね。

特に政治的な話について。よく考えたら、書き込みを絶対に禁止しちゃダメな領域なのですが、それでも社員の側から率先してハードルを上げている。

「メロリンキュー」（若い方は検索を）が好きだった私は、れいわ新選組代表の山本太郎の過去についていろいろ書きたくなったものですが、「いや待てよ、これは政治的イシューになるかも」と思って、書き込みをためらったものです。たかがメロリンキューにもかかわらずです。メロリンキュー……。

でも、いつかは、もっともオープンに平熱に、いろいろな話を書き込める日が来るはずです。だからサブサラとしては、自ら少しずつハードルを下げていきましょう。てか、少なくとも自分からハードルを上げるのはやめましょう。

そもそも今でも「死ぬのは嫌だ、恐い。戦争反対」（スネークマンショーのアルバムタイトル）ぐらいはつぶやいても問題はないのです。だってそんなの右も左も関係ない、人間としての希望なのですから。

086

時には「裏アカ」で身を隠す。

会社の風土によっては過渡期を耐え忍ぶ。

ここまで書いてきたように、私の基本的考えは、社外のカルチャー活動、芸能活動を会社と分断せず、オープンにしていくべきというものです。だって、別に悪いことじゃないし、何より隠し通すのは、案外面倒くさいものですから。

それでも会社によっては、社外での活動をオープンにしにくいところも、未だに多いのかもしれません。そういえば「業務時間中のSNS書き込みすらしにくい」という声もよく耳にします。確かに会社員時代の私も、「昼間の書き込み目立ち過ぎやしませんか？」と、同僚から後ろ指をさされたものです。

過渡期だと思うのです。「業務時間中はSNSを書き込むな」「てか、SNSを見てもいけない」という考えは、近い将来、過去の遺物になると思います。

SNS禁止の背景にあるのは、仕事中は仕事に全身全霊を捧げるべきという「会社絶対主義」なのでしょうが、だって終身雇用や定期昇給も崩壊しつつある中で、「会社絶対主義」を守らなければならない理由などない。特に、今や多くの割合を占めている非正規雇用の方々なんて、「会社絶対主義」に従う理由なんてまったくない。

あとSNSって瞬発力が大事じゃないですか。映画見終わった瞬間の感想とか、今トレンド入りしている話題へのコメントとか、やっぱり業務時間中に見たり書いたりしたくなりますもの。

残念ながら、そんな古い体質の会社に勤めている方は、「裏アカ（ウント）」を使ってください。でも近い将来、その裏アカを「表アカ」にしていい日が必ず来ますよ。信じてください。

087

帳簿は早めに付け始める。

トンデモ会社探しとギャラ確認用として。

会社員の副業、とまではいかない「余技」として、原稿を書いたり、何かに出演したりして、小金を稼いだとします。まさに小金、まだ微々たるものだけれど、まぁランチ代くらいになるかなぁというぐらいのものだけれど。

そんなときにおすすめしたいのは、帳簿を付けることです。私は「出納帳《すいとうちょう》」というあえて古臭い名前のファイルに入力しています。

白状すれば、私も会社員時代は、そんなもの付けなかったのです。ただ、フリーになって、しっかり付けていくと、「もっと昔からやっときゃよかったやん」と強く思ったのです。

帳簿といっても、専用のソフトを導入する必要はありません。会社員なら得意なはずのエクセルで十分です。内容もシンプルで、一つひとつの仕事について「媒体名、会社名、担当者名、テーマ、原稿納品日、ギャラ（実額）、振込日」を記入していくだけのこと。ほとんど手間はかかりません。

ギャラ関連の入力がちょっと面倒に思われるかもですが、最近の銀行は、振り込まれると口座主にメールを送ってくれるサービスがあります。振込メールを受信したら、金額と振込日をエクセルに転記するだけでよいのです。

帳簿を付けていると、いろんなことが分かります。ギャラのいい会社・悪い会社、振込の早い会社・遅い会社、たまには、振込を忘れてしまうようなトンデモ会社や担当者が判明したりする。あと何といっても、仕事をするたび、ギャラ総額のセルが、少しずつ増えていくのは、単純に楽しいもの。

「出納帳」——早めに作って、付けることをおすすめします。

088

「副業」でもギャラは最初に聞く。

「払えば払うほど、いい仕事をする」と思われる。

会社員が余技、副業でやるカルチャー活動にもギャラが発生します。本業があるのですから、これは副収入。なので、目くじら立ててギャラの金額を釣り上げる必要はないでしょう。

というか、始めのうちはギャラの高低よりも、とにかく活動をすること、活動が知られて、芸名を世間にデビューさせることが先決。私の業界的にいえば、条件が少々悪かろうと、まずは一冊、本を書いて世に出すことが大切。

なのですが、ゆくゆく独立しようと考えているのであれば、やはりお金にはこだわった方がいい。具体的にいえば、別項で書いたように「帳簿を付けること」に加えて、「まずギャラを先に聞くこと」が大事になります。

カルチャー業界には、ギャラの話を先にせず、仕事が進んでいくという不思議な商慣習があります。「普通のビジネス」の経験に溢れた会社員出身としては、そんな慣習何するものぞと、まず金額を確定するプロセスを徹底する。

具体的には、依頼メールにこう返すのです——「ギャラはいくらでしょうか？（他意はありません。すべてのご依頼で先に確認しております）」。

なぜか。まずはギャラ後回しの慣習がおかしいということがありますが、加えて、ノーギャラで済まそうとしている会社を排除する目的もあります（たまにある）。目くじら立てて金額を釣り上げる必要はなくとも、ノーギャラはありえない。

あと、ちょっと高等なのですが、ギャラ見合いでクオリティをコントロールする癖をつけておいた方がいい。「払えば払うほど、いい仕事する奴」と思われていく方が、いいに決まっているのですから。

089

「批評」で憧れの人とつながる。

単なる「感想」にならない書き込みを。

SNSは、カルチャー界における憧れの人と直接つながるための装置でもあります。昔だったら、本の中やブラウン管の中という、手の届かないところにいた憧れの人と、直接つながれる時代になったのです。

では具体的にどうつながるか。それは簡単で、例えば、憧れの人の作品がよかったならば、その感想をあなたがＳＮＳに書き込めばいいのです。もちろん憧れの人の名前入りで。

芸能人や文化人、有名人の多くはこの時代、真剣にエゴサーチをしているものです。ネガティブな書き込みも多いであろう彼らのこと、とりわけ作品をポジティブに評してくれている書き込みは、この上なくうれしいものなのです。

だから、あなたの書き込みに、憧れの人が「いいね」をくれることも、決して夢ではありません。人によっては、気軽にフォローしてくれる人もいたりして、つまりは、直接つながれるのです。いい時代になったものだ。

私自身も、いい作品に接したら、できるだけ感想を書き込むよう努めています。ただひとつだけ気を付けていることがあります。それは、いわゆるファンの人たちと同列の書き込みにならないことです。

つまり「最高！」「大好き！」的な「感想」ではなく、冷静に、文体も整えて、かつちょっとウイットが入っているような「批評」を目指す。それの方がエゴサーチに引っかかりやすいし、何よりライターとしての訓練にもなる。

あなたが好きなあの人は、「最高！」「大好き！」な書き込みは毎日さんざん目にしているのです。だから求められているのは「批評」なのです。

090

でも憧れの人との対面を目的化しない。

作品を通した関係の方がお互い幸せ。

あなたがカルチャー方面で少しずつ頭角を現すことが出来てきたら、人脈も少しずつ広がっていくことでしょう。そしていつか、昔から大好きだった、あのカルチャーヒーロー（ヒロイン）と生で対面できる日が来るかもしれません。
「やったー！」――と有頂天になって当然です。だって心から憧れていたあの人なのですから。

何度か本に書いていますが、私自身も97年に生・大滝詠一と会った日は、とても感動したものです。もちろん有頂天になりました。

でも、人脈が広がって、憧れの人に何人も会っていく中で、そのうち気付くのです。

す。夢を壊すような言い方になって申し訳ありません——「別に、憧れの人と生であっても、そんなに面白いものじゃない」ということに。

よく考えたら当たり前です。生・大滝詠一に会えたとしても、別に楽曲にコーラスで参加できるわけではないし、はっぴいえんどに入れる訳ではないし、福生の自宅に呼んでくれるわけもない。

あと、そもそも過度に緊張するし、気を使っちゃいますよね。実は、憧れの人の側も多分に緊張しているのです。私もごくたまーに「ファンです」と言ってくださる読者やリスナーの方と面と向かいますが、やっぱり緊張しますし、照れくさいし、正直ちょっと困ってしまいます。

やっぱりカルチャーヒーローとは作品を通しての関係がいちばん幸せです。なあなあになって鋭い作品批評が出来なくなるより、距離感と中立性を保っていた方が、ライターとしてもいい仕事が出来ると思いますしね。

非常勤講師は半端にではなく徹底的に。

ゲスト講師に頼り過ぎない。

091

会社員でありながら、大学の非常勤講師をやる人が増えています。いわゆる「産学共同」的な機運が背景にあるのでしょう。私のような広告代理店からだけでなく、メディア系や、最近ではもっと幅広い会社から、非常勤講師が招かれています。

私も早稲田大学と大阪芸術大学で講師をやりました。ご推察の通り、ギャラはそんなに高くはないのですが、やってみていい勉強になりました。サブサラは、とにかくチャンスがある方はやってみればいいと思います。会社の枠を超えた他流試合に挑み続けるべきなのですから。

早稲田大学ではスポーツ科学部というところの講師をやりました。それも何と木曜の1限！ ぐうぐう寝ているアスリート学生を相手に「寝かさない話術」が鍛えられたものです。その最たるものは、一瞬黙ってしまうこと。「先生、大丈夫か？（死んだんちゃうか？）」と心配になって目が覚めるみたい。

「先生」と呼ばれて、悪い気分ではありません。あと、カルチャーというよりはアカデミズムの気分にも浸れますしね。なかなかにいい気分――。

ただ、傍で見ていて、会社員講師には悪いところがあります。それは「ゲスト講師」をよく招くことです。下手したら半分以上、ゲスト講師に頼っている人がいます。先生気分に浸りながら、楽しちゃおうということなのでしょう。

そのあたりは学生もよく見ています。腹をくくって徹底的に自分だけでやった方がいい。そうしないと学べないものがたくさんあるのです。自分だけで1年乗り切ったら、翌年からは、それを微修正していくだけでいいのですから。

スージー鈴木の サブサラクロニクル

50代編①

サブカルサラリーマンとしていかに生きたか、
スージー鈴木の履歴をたどる

2016年（50歳） 50歳となり、博報堂の退職も薄々見据えながら、いよいよカルチャー活動に本腰を入れる。「水道橋博士のメルマ旬報」執筆陣に参加（ここでの連載が拙著『1984年の歌謡曲』『イントロの法則80's』『恋するラジオ』にまとまる）。東京スポーツ「オジサンに贈るヒット曲講座」連載開始（こちらは『平成Jポップと令和歌謡』にまとまる）。

2017年（51歳） 著書『1984年の歌謡曲』『サザンオールスターズ 1978-1985』を発表。特に後者は一定の世評を得る。そしてBS12にてマキタスポーツとの音楽番組『ザ・カセットテープ・ミュージック』がスタート。

2018年（52歳） 『ザ・カセットテープ・ミュージック』が業界内でカルトな人気を集め始め、衛星放送協会が主催する「第8回オリジナル番組アワード」のバラエティ番組部門、最優秀賞に輝く。受賞式の記念写真では北大路欣也のすぐ隣に座ることとなる。

2019年（53歳） 『いとしのベースボール・ミュージック』『チェッカーズの音楽とその時代』『80年代音楽解体新書』上梓。

2020年（54歳） BAYFM『9の音粋』月曜日レギュラーになる。初の小説『恋するラジオ』発表。そして翌21年に博報堂を退職することを上司に告げる。

そして、サブサラは、こう辞める。

第五章

092

あるがままの自分になる。

それが退職に向けての大きな理由。

退職の理由を哲学的に書き下せば「自分を自分で定義したいから」。それぐらい会社名は、他者からの自己（つまり私）規定において、大きな要素となるのです。特に大企業、さらには「博報堂」なんて、個性的（多分）なイメージの会社だとなおさら強力にのしかかってくる。

「博報堂のスージー鈴木」となると「博報堂の」という接頭辞が、強く機能するのです。「博報堂【という大企業なのに】スージー鈴木【と名乗っている変わった会社員】」かもしれないし、「博報堂【という個性的な企業だからこそ】スージー鈴木【と名乗っている個性的な会社員】」かもしれない。でもこれ、どっちがいいかではなく、どっちも要らないよと思い始めたのです。

「変わった」も「個性的」も、別に博報堂がどうこうではなく、基本的には私の問題。だから「変わったスージー鈴木」とか「個性的なスージー鈴木」でいい。でも逃げても逃げても、社名がまとわり付いてくる。面倒くさい……と思ったことが、私の退職決定において、けっこう大きな要素だったのです。

ジョン・レノンの言葉「You don't need anybody to tell you who you are or what you are. You are what you are」。哲学者の藤田正勝が訳すと「あなたが誰なのか、あなたは何者なのか、それを誰かに指摘してもらう必要はない。あるがままのあなたがあなたなのだ」（24年1月7日／東京新聞）。

まさにこれ。「あるがままのスージー鈴木がスージー鈴木なのだ」と思いたい。だから会社を辞める――なんて書いたら、逆に「元博報堂」というイメージが強まりそうだ。いやぁ生きにくい世の中だわ。

093

チームワークではない「自分ワーク」を。

自分だけによるビジネス成果を実感する。

広告代理店時代、それこそ何百何千という仕事をやりました。いやぁ、我ながらよく働いたものです。

その中には、褒められた仕事もありましたし（たまに）、褒められなかった仕事もありました（たくさん）。でも、たいそう褒められても、どこかわだかまりが残っていたのです、ずっと――「自分が絡んだ広告で売れたけど、結局、広告とは関係ない商品力で売れたのでは？」。

あと、広告代理店の中ではマーケティングという裏方っぽい職種だったので、こういうわだかまりも――「広告は成功したけど、自分の手柄というよりは、CMやコピーの勝利だったよなぁ」。

そんな感じもあったので、年度末、いろいろな成果を、さも自分の手柄のように上司にアピールしながら、複雑な気分でいたものでした。

言いたいことは、死ぬまでに一度くらい「自分ワーク」で稼いでみませんか、ということ。できれば、あなたの好きなカルチャー業界で。

会社仕事は基本チームワークです。どこまで突き詰めても、ただ自分だけによるビジネス成果などあり得ません。それで満足するならともかく、少しでもわだかまりがあるのなら「チームワーク」ではない「自分ワーク」、「他の誰でもない自分だけワーク」にチャレンジすればいい。そのために名刺だ、芸名だと言ってきたわけです。

試しに1回でも「自分ワーク」をやってみればいいと思います。そしてつまらなければやめればいい。でも多分――病みつきになりますよ。

094

会社員の「ビジネス汎用性」は大きな武器。

あらゆる領域へのフリー転身に活きてくる。

「リーマン」という言葉があります。もしかしたら死語かもしれません。会社員ではない人、フリーランスの人とかが「このリーマン野郎！」と言って、会社員を罵倒する——そんなイメージの言葉です。

含意としては「会社員は、会社に守られながら、定収もあって、呑気に働いてる奴ら」という妬み・恨みがありそうです。まぁ事実、会社員にはそういう側面があることは否定しませんが、それでも「フリーランス＝本気／サラリーマン＝呑気」という風潮が、未だにあるのだとすれば、一言言っておきたい——サラリーマン、なめんなよ。

両方経験した私から言わせていただくと、まず「会社員の方が仕事を断りにくい」。もちろん業界や年齢によって千差万別でしょうが、会社の中で上から降ってくる仕事をかわすのは、そうとうなエネルギーが要ります。少なくとも「会社員の方が仕事を断りやすい」ということはいえない。

また、異動や転勤、さらには管理職になるなど、幅広い仕事を経験できる（させられる）というのは、それ自体大きなストレスになる場合もあるものの（だからストレス耐性が強くなる）、成長のチャンスが多いともいえる。

まとめると、断りにくい結果として、いろいろな仕事を経験する（させられる）ことで「ビジネス汎用性」を身に付けることが出来る。これは、一つごとだけを突き詰めているフリーランスに対して、大きな武器だと考えるのです。

退職して、フリーランスに踏み出そうとするときに、「ビジネス汎用性」が武器になることを強く自覚しておいた方がいいと思うのです。

095

退職の意志はできるだけ早めに伝える。

カルチャーに任せて人生を決定してもいい。

「明日から辞めまーす」は極端にしても、辞める直前に退職届を出して大騒ぎになるということが、周囲で何度もありました。

私も管理職として、部下から突然退職届を出されて、かなり動揺した経験があります。それでも歯を食いしばって言うのです――「絶対止めないよ。だって職業の自由は憲法で保証された権利なんだから」。

でも、退職の意志は、出来るだけ早く告げることが、不用意なトラブルを回避するための合理的な知恵だと思うのです。私自身について言えば、55歳の誕生月末日の1年前に上司に告げました。そしてさらにその1年前に辞めることを決めて、ゆるゆると準備をし始めたのでした。

確かに、1年前に早々と退職の意志を告げると、様々な食い止め工作が展開される場合も多いでしょう（私の場合、幸か不幸か、食い止め工作はほぼゼロでしたが）。それでも十分に決断して考えたことなら、意志は揺るがないはず。

私が最終的に辞めることを決断したのは、実は散歩中でした。サブスクを聴きながら、近所の墓地を歩いていたとき、突然、浜田省吾の『風を感じて』が流れてきたのです。

「♪自由に生きてく方法なんて１００通りだってあるさ」

そして「よし辞めよう」と思ったのです。長い人生、せめて「1通り」でも試してみたいと思ったのです。これ、実話。

サブサラの人生選択なんて、そんなもんじゃないかなぁ。最後は音楽や本や映画……カルチャーで人生を決めてしまう。最高じゃないですか。

096

「送別会ラッシュ」を満喫する。

会社生活のすべては送別会のために。

辞めることを会社の中で宣言したとします。するといよいよ始まるのが、送別会ラッシュです。

経験者として言わせていただきます。送別会は楽しい。送別会は最高。で、会社生活が楽しかった人、楽しくなかった人、いずれにも送別会は楽しいはずだとも思うのです。多分。

ただ、気を付けておくことがあります。それは、楽しい送別会を繰り返しているうちに、会社を辞めたくなくなるということです（本末転倒！）。

私自身についていえば、さすがに「辞めたくなくなる」ことはなかったですが、これだけ楽しいのだから「何回も辞めたくなる」とは思いました。それくらい送別会はいいものなのです。

あと前項で述べた「退職の意志はできるだけ早めに伝える」ということの利点のひとつに、宣言から退職まで時間が出来る分、送別会の回数が増えることがあります。突然バタバタと辞めてたら、送別会は減らざるを得ないですからね。

私が退職したのが、21年の11月末日。そう、コロナ禍ど真ん中だったので、派手しい送別会はなかったのです。でも、コロナ禍に息を潜めながら、散発的かつ地味に続いた「送別会プチラッシュ」ですら、本気で楽しかったのですから、これからコロナのないタイミングで辞めるみなさんは幸せ者です。

しんどい仕事するのも、上司や部下とぶつかるのも、昇進したり降格したりするのも、すべては送別会のネタのためと思えばいい。そして、会社生活を楽しく総括して、思い残すことなくカルチャー界にはばたくのです。

097

金の計算はし過ぎず「えいやっ」と。

計算ばかりしている人は辞められない。

会社を辞めよう、カルチャー系で食っていこうと思いながらも、気になるのはやっぱりお金のことです。もちろん私もそうでした。

で、計算するんですね。辞めたら退職金やら何やらで、いくら入ってくるのか。逆に、フリーランスになったら、どれくらい出ていくのか。「♪お金は大事だよ」

ですからね。

でもね、大変乱暴に言いますが、最後は「えいやっ！」ですよ。あ、これはちょっと古い広告業界用語かな。要するに「勢いが大事」「えいやっ！と、新しい世界に飛び込もう」ということです。

というのは、入ってくる金額はだいたい分かりますが、フリーになって出ていく金額、こちらが分からない。ぶっちゃけ辞めてみないと分からないかも。それくらい、出ていく金額の計算って、難しいんですよ。

ただ、分からないからといって躊躇《ちゅうちょ》していると、結局いつまで経っても辞められず、定年まで来ちゃったということにもなりかねない。

だから「えいやっ！」なのです。ま、私の場合（以下、小声で）「うわっ、こんだけぎょうさん金が出ていくんかいな！」とも思いましたが、（ここから普通の音量で）でも、何とか食っていけてますのでご安心を。

大好きな本、矢沢永吉『成りあがり』（角川文庫）。キャロルを解散して、私財なげうってソロアルバムを制作したときのエピソード——「キャロルの印税、全部投げ出した」「大勝負よ。一アーチストがン千万借金してやるんだから」。

「永ちゃんに比べたら……」と思って、私は「えいやっ！」しました。

098

「発注体質か受注体質か」を見極める。

ジャンルと体質から次のキャリアを考える。

「会社を辞めようかな、カルチャー界に転身しようかな」と考え始めたとします。カモン。どんどん来てください。後進よ。では次に考えることは何か。

もちろん「カルチャー界」といっても幅広いので、中でもどんなジャンルを目指すのかという問題は大きいのですが、加えて、自分について、よくよく考えてほしいことがあります。それは——発注体質か受注体質か。

つまりは「やらせる側かやる側か」。おっと表現が何となく下劣ですね。「お願いする側か、お願いされる側か」にしましょうか。要するに、あなたの体質はどちらか。ここを見誤らないようにしましょうということです。

前者はプロデューサー／フィクサー気質ということになるので、フリーランスというよりは、メディアなり、プロダクションなり、会社に「転職」する方がいいかもしれません。逆に後者はプレイヤー／クリエイター気質。フリーランスが適しているかも。

私は、もう本当に後者、受注体質なんですよ。というか、そもそも「自分で考えたことを発表するのが好き」という性格で、逆に、人に頼んだり、頼んだ要件の返事を待ったり、頼んだ人を急かしたりというのが大の苦手なのです。

でも会社員としては、発注仕事も多くなっていった。だから「退職するなら、次こそは受注側になろう、〆切を突きつけられる側になろう、〆切守って、面白いことをどんどん発表してやろう（発注側にヘコヘコしなきゃいけないかもだけど、それは我慢して）」と思ったのです。

さて、あなたの自認識は、どちらですか？

099

まずは税理士とタッグを組む。

税関連のストレスから解放されるために。

さぁ退職した！　残る人生、フリーランスとしてやっていくぞ、とした場合、まずは何から始めるか。個人的経験でいえば、とりあえず税理士とタッグを組むことをおすすめします。

税金関連で、いちばん手間がかかるのは、ご存じ確定申告です。が、こちらもご存じの通り、国税庁のホームページには「確定申告書等作成コーナー」があり、ネットを使えば税理士に頼らず、個人でも申告できなくはありません。事実私も、副収入が増えてきた会社生活晩年は、自力で申告していました。

が、やはりストレスがかかるんですね。特に私のように薄利多売、数社との大きな取引ではなく、少額のギャラを数多くの取引先からいただくというビジネススタイルの場合、細々とした数字の計算が、とにかく面倒なのです。

そんなストレスの多い作業は、慣れている税理士さん、会計事務所さんにアウトソーシングした方が気楽です。もちろん費用はかかりますが、作業料というより「税に関する細々としたストレスからの解放料」と思えば、納得できるのではないでしょうか。

実は私、確定申告後に、税務署から問い合わせが来て、ビビった経験があります。ビビった上に、危うく追加徴税されそうになったのですが、契約している税理士の方に、見事に差し戻してもらいました。税務署側の基本的な認識ミスだったのですが、とても助かりました。

最近は、税理士とマッチングしてくれるサイトがあります。一度覗いてみればよいでしょう。

100

退職後は高い「〆切力」で勝負する。

チームワークに長けた会社員の強み。

退職後、フリーになって、カルチャー業界の中、ピンで勝負じていくとして、会社員時代に鍛えた能力を武器にしていくのは当然のことです。
別項では、「事務処理能力」がその武器であるという話をしましたが、加えて「〆切力」も武器になるのではないかと、私は考えています。

会社といっても千差万別なので、「〆切力」が鍛えられない職場もあるかもしれませんが、私が勤めていた広告代理店も含め、多くの職場で、それは鍛えられます。というのは「チームワーク」の必須条件だからです。

ある生産工程があるとして、〆切までに間に合わないと、次の工程が遅れることになる。だから会社員は、いつも〆切に追われている。だからこそ会社員は「〆切力」が、おしなべて高い。

また、〆切の前に、随時中間チェックの場を設けて、意見を収集し、都度微修正する力や、あと万が一〆切に間に合わなさそうな場合、早めに危機的現状を共有して、善後策を募る力なども、「〆切力」の範疇《はんちゅう》に入ることでしょう。

逆にカルチャー業界、特に私のいる物書きの世界は、「〆切を破って、いかに編集者を待たせて怒らせたか」が自慢げに語られる不思議な世界です。昭和の文豪ならともかく、普通のライターが「〆切破り自慢」をしているさまは、私にとってまったく共感できるものではありません。てか、何様？

とにかく、あなたの高い「〆切力」は大きな武器です。時間観念のないカルチャー業界の中で、余裕を持ってアウトプットを差し出せるあなたは、それだけで重宝されるはずなのです。

101

「0→1力」（ゼロイチ力）を鍛える。

なぜならそれは会社員の弱みだから。

逆に、フリーランスと比べた場合の会社員の弱点って何でしょう。「0→1力」（ゼロイチ力）ではないかと私は考えるのです。この言葉は私の造語ですが、読んで字のごとく、「0を1にする力」、つまり何もないところから仕事を起案して、仕事を作って、自らぐんぐん進めていく力を指します。

会社員の仕事の多くは、上司から定期的に降ってきます。だから会社員は、仕事から、逃げよう逃げようとしているものです（私もそうでした）。

また会社員は仕事を、チームワークでシステマティックに進めていきます。だから仕事に対する責任の度合いは、いきおい低くならざるを得ない。

対してフリーランスは、自分で企画を考えて、企画書を書かねばならない。なぜなら上から降ってこないから。そして幸運にも仕事が発生したら、自らがぐんぐん進めていかなければならない。なぜなら頼る人などいないから。

「こんな企画どうですか、面白いでしょう？」と提案して、相手のほとんどがナシのつぶて、でも面白がってくれる相手がいれば、さらに具体的な企画書や、場合によっては実際に数編の原稿を書いて、やっとGOが出て、後は、誰からも促されない中で、自ら黙々と書いて書いて書き続ける——。

ということは、「0→1力」は意識して鍛えないといけません。特に、会社員時代「指示待ち族」だった人は、精神性を根本から変えないといけません。さぁ大変だ——。

なぜ今回、私がここまで言い切れるのか。はい、この私自身が会社員時代「指示待ち族」だったからです。精神性を変えましょう。私もがんばります。

102

「ペライチ企画書」をささっと書く。

会社員時代の資料作成能力がここで活きる。

「0→1力」（ゼロイチ力）の基本、つまり「0・1」くらいの位置にあるのが企画書です。業界によって「企画書」の概念は異なりますが（広告業界はとにかく分厚かった）、普通はA4縦で2～3枚というイメージでしょうか。

私が提唱したいのは、もっと簡易なA4縦1枚、いわゆる「ペライチ」の企画書をさっと書ける能力を身に付けようということです。「何かいい企画ない？」と言われたら、すぐにささっと書いて、翌日に提出する。

企画（書）なんて、通らなくって当たり前。でも素早く提出した簡潔な企画書だと打率は当然高まる。というわけで、参考までに、この本の企画書の冒頭をご紹介します。元会社員なら、10分くらいで書ける内容ですよね？

（本書のコンセプト）

・サブカル少年こそ会社員になるべきです。そして身も心も会社に捧げるのではなく、確実に定収を得ながら、文化に投資して、さらには文化的な豊かさを会社仕事にも投影して、全人格的に充実した人生を満喫するべき。

・と書くと、今の時代ではかなり唐突に聞こえますが、「テレビブロス」を読んで、「テレビブロス」に投稿し、そして「テレビブロス」に連載（ただし無署名）を持つ「ブロス少年」から、一部上場企業に30年間勤め上げ、最終的には局長にまでなったスージー鈴木が言うのだから嘘ではありません。

・この本は、サブカルな会社員に対して、楽しく働き、文化を楽しみ、そして最終的に文化の世界で生きていくための方法を指南する一冊です。サブカルサラリーマンになろう。そしてロックンロールに働こう。

103

退職した瞬間、出身を大っぴらにする。

会社で学んだ経験や知見を武器とするために。

会社を辞めたら、まずは何をするか。私は、フェイスブックの「以前の勤務先」という欄に、勤めていた会社名「博報堂」を記入しました。

在職時代は書くのがはばかられました。確か書かないようにというお達しも出ていたように思いますし、私自身としても「100%会社人間」とは思われたくなかったので、フェイスブックという個人的な話を書く場で、会社名なんて掲げたくなかったのです。

正直にいえば、博報堂を辞めてから「元・博報堂」という肩書きを使って商売している人を、ちょっと馬鹿にしていました。ダサいと感じていました。

しかし、自分がフリーになったら話は別（我ながら調子いい）。30年間、多大な時間とエネルギーを支えてきた会社名は、武器であり商売道具ですから。

私の場合、音楽という、広告とは距離のあるジャンルを主戦場にしているので、残念ながら「元・博報堂」という肩書きがあまり活きないのですが、それでもこの本のように、その経歴と、そこで学んだ知見が使えるときに、肩書きは大いに武器になるのです。てか、勝手にどんどん武器にしていきます。

いま私が、会社時代の経験や知見を書いたり・話したりしていることに、現役の連中は、さぞかしうさん臭く思っているでしょう。当時「元・博報堂」を見つめていた私みたいに。

それでも、当時の経験や知見をストレートに書いたり・話したりできることはとてもうれしいし（当然コンプライアンスには配慮しつつ）、元同僚にも、こんな感じで一緒にやろうぜと言いたくなるのです。僭越ですがね。

104

とりあえず仕事は断らない。

守備範囲をどんどん広げる「サブ軽」になる。

サイト「FREENANCE MAG」の記事（23年12月13日）における、てれびのスキマによる掟ポルシェへのインタビューより。

スキマ：著書で「本業が定かではないのがサブカルだ」と書かれていましたが、仕事選びの基準は？

掟：仕事を断らないのがサブカルじゃないですかね。

この感じはよく分かる。「仕事を断らない」というと「食うに困って」という感じで捉える人もいるかもしれないが、私の実感としては「さらにいいものを食うために」というイメージ。

原則論として、守備範囲が広い方が仕事のチャンスが広がり、収入増につながる。もちろん得意領域をさらにさらに深めるのも必要だけれど、深めれば深めるほど探求に時間もかかるし、何よりも「一つごと」に人は飽きてしまう。

投手だけでなく捕手も外野手も指名打者も全部やる。三刀流、四刀流……X刀流を目指して仕事をするべきだと思うのです。少なくとも「これは俺の仕事とは違うからやらない」なんて簡単に割り切ったりしない。

いろんなジャンルに軽ーく手を出していき、軽ーく守備範囲を広げていく「サブ軽」――くらいの気分がいいんじゃないかと思います。

いろんなジャンルのコンサートに行き、本を買い、映画を観に行く。それぞれ値段が高いなぁと思っても、感想を書いたりしゃべったりする仕事で、元を取るどころか、値段以上のギャラをもらういい商売。これぞ「サブ軽フリーランス」――サブサラの目指すべき方向だと思います。

105

でも選ぶべきは自価を高める仕事。

そのための選択と集中はやはり必要に。

「仕事は断らない」ことを原則論としつつ、現在の私自身についていえば、「断る仕事」がいくつかあります。

まずは広告関係の仕事ですね。会社を辞めてすぐは、母校ならぬ「母社」や、その関係会社から、よく依頼が来ましたが（それでも思ったほどには来なかった）、全部断りました。広告仕事が「嫌」というよりは「もう十分やったから他のことやりたい」という思いが強かったのです。

カルチャー系の依頼でもたまに断ります。ギャラが安過ぎるとか（先に金額を聞くことと、そして自分なりの下限金額をあらかじめ作っておくことを推奨します）、時間がなさ過ぎるのは問題外として、自分の言葉が中心に来ない仕事、例えば、自分の著書やコラムとは独立したインタビュアー単独のお仕事なんかも、基本的にはお断りしています。

インタビュアー仕事は、会社員時代にかなり経験を積みましたし、正直めっちゃ得意です。でもこちらももう十分やり切ったという感じだし、あとやはり「スージー鈴木」という主体が立っている仕事に絞りたいのです（だからインタビューを受ける側＝「インタビュイー」を断る理由などありません）。

もう57歳、時間がないのです。還暦を超えると、カルチャー業界において使いにくく思われることは目に見えています。なので「仕事は断らない」と言いつつ、できれば自分主体の仕事に集中して、自価を高めることを重視したい。

「日本で１００人しかいない稀有な才能」を目指そうと先に書きましたが、そうなるためにはやはりある程度は、仕事の選択と集中が必要になるのです。

106

自分の仕事の「パーパス」を作る。

それをいつも目にするフォルダ名にする。

どんな仕事でも受けて立つことを前提とした方がいいと思いつつ、まったくのチリヂリバラバラではなく、すべての仕事が向かうべき大きな方向性は持っておいた方がいいと考えます。

もちろん様々な仕事をいただくに越したことはないので、すべての仕事を杓子定規に、その方向性に照らし合わせる必要はないのですが、少なくとも、その方向性と各仕事との距離感は、いつも感じておくのがいいでしょう。

その方向性を、最近のビジネス用語では「パーパス」というようですね。直訳すると「目的」。「スローガン」とか「ビジョン」などよりも、もう少し実体的な「行動指針」、ひいては社会の中における「存在意義」みたいな。

私の場合は「音楽の楽しみ方をひろげる」というパーパスを心に留めています。ちょっと言うのが恥ずかしく、また、もうちょっとかっこいい言い回しでもよかったかもと思いつつ、それでもとりあえず、この言葉を大切にして、音楽の評論やラジオＤＪなどをやっていこうと思っています。

しかし、こういうのは、いつのまにか単なるお題目となって、ついつい忘れがちになります。ではどうすればいいか。

先に「カルチャー系活動フォルダ」を作ろうという話を書きましたが、フォルダが馴染んできたら、フォルダの名前をパーパスにするのです。私はデスクトップの右下にある「カルチャー系活動フォルダ」の名前を、数年前に「音楽の楽しみ方をひろげる」に変えました。

毎日見ることになります。意識せざるを得ない。だからいつかすべての仕事がパーパスの方向に収斂《しゅうれん》されていくだろうと期待して、そうしているのです。

107

最後の日は手続きと名刺と「退職写真」。

退職日を、最高の心機一転の日にする。

さぁ、いよいよ退職の日が来ました。

まず、退職に関する事務手続きをきっちりと済ませましょう。もちろん荷物をすべて自宅に送るとか、掃除とか、あと社員証や保険証を返納するとか、案外やるべきことが多いのです。それらをきっちり済ませる。退職してから、手続き忘れで再び出社するみたいなブサイクなことのないように。

そして、もし会社のメンバーと挨拶する機会があるならば、フリーとしての名刺をせっせと配りましょう。会社員時代に使っていた「二枚目の名刺」でもいいのですが、心機一転、新作した「一枚目の名刺」を配りましょう。

フリーとしての初の売り込みの機会です。勝手知ったる同僚に名刺を配るというのは、なかなかに気恥ずかしいものですが、これぞ心機一転。ベテラン社員というぬくぬくとしたヴェールを自ら脱ぎ捨てて、「何かあればお仕事ください」というモードに飛び込む。マインドセットを変える最高の機会です。

という手続きや挨拶を終えて、ついにオフィスを後にします。そのとき、オフィスの写真を撮っておきましょう。これぞ「卒業写真」ならぬ「退職写真」。オフィスが大きなビルだったら下から撮って、その威圧感ある写真とともに、SNSで退職報告するのです。

会社生活の終わりを噛み締めて甘酸っぱい気持ちになりながら、退職の事実と、転身後の仕事について端的に報告するための「退職写真」です。悔いのないよう角度や色合いにこだわって、とびっきりのカットを撮影しましょう。

「お疲れ様、俺」と心の中でつぶやきながら——。

108

「私」は「私たち」である。

複数の自我を相対化する。

この本で言いたかったこと。それは「私」は「私たち」であるべきだということだったように思います。言い換えると――「『会社員としての私』だけを絶対化するなよ、だってつまんないから」。

カルチャーを起点としたサブライフを持った会社員＝「サブサラ」になろう。いや、カルチャーじゃなくても、スポーツだったら「スポサラ」、ボランティアだったら「ボラサラ」。とにかくなんにも付かない「サラ」はつまんないよ、と。

なんて、先輩ヅラして、偉そうに書いていますが、私の場合、サブサラはともかく「家事サラ」「育サラ」などは合格点に届いていなかった。だからサブサラを目指していい気になりながらも、まだまだ会社員としての「モノ（単一）人格」を強要する空気に負けていたのでしょう。

働けば働くほど出世し、働けば働くほど儲かる時代ならともかく、そんな昭和の時代には当たり前だったことが、ぜんぜん叶わない今、選ぶならやはりモノ人格ではなく「マルチ人格」のはず。「私」の中に、複数の自分を持つ。会社員、カルチャー、スポーツ、ボランティア、家事、育児……他にも、他にも。

そして、そんな「私たち」がわちゃわちゃしながら、相乗効果をもって高め合う中で、結果、昭和の時代には決して当たり前じゃなかった全人格的な幸福を手にすることが出来る。つまり単一自我の絶対化ではなく、複数自我の相対化。

「私たちを持った私」が、企業社会の中でもっとポピュラーになっていけばいいなぁ――これが、本書の根本にあった価値観です。なぜそう思ったのかって？　だって、楽しそうでしょう？

という価値観に、共鳴しなかったあなたは、結局のところ、仕事だけを愛する人だと思います。逆に、少しでも共鳴してしまったあなたは、いい意味で、かつ本質的な意味で、自分自身を愛する人なのでしょう。そんなあなたには、サブサラへの道をおすすめします。本書を片手に、サブサラとして、ぐんぐん進んでいくことを強くおすすめします。

なぜそう思うのかって？　だって、楽しそうでしょう？

スージー鈴木の サブサラクロニクル

50代編 ②

サブカルサラリーマンとしていかに生きたか、
スージー鈴木の履歴をたどる

2021年（55歳） 博報堂の最終年度は、局長を離れて平社員となり、早期退職制度適用で満55歳となった誕生月＝11月の末日をもって博報堂を退職。本来なら誕生月からもうしばらく在籍できるが、勢いよくスパッと辞める。退職と前後して『ザ・カセットテープ・ミュージック』が終了、不安になる。『平成Jポップと令和歌謡』『EPICソニーとその時代』上梓。

2022年（56歳） テレビブロス35周年企画「ブロスの部屋」第1回にゲストに招かれ、久々にお会いした懐かしの編集者さんとの雑談の中で、本書の企画が始まる。無署名記事をクビになった悔しさを、署名記事、いや署名自著で晴らせるのだから長生きはするものだ。そして早見優のYouTubeチャンネルに出演。長生きはするものだ。『桑田佳祐論』上梓。

2023年（57歳） 初のビジネス本『幸福な退職』を発表。10月には2年間休止していたBS12『ザ・カセットテープ・ミュージック』が電撃復活。

2024年（58歳） 前年末から著書を立て続けに上梓（『中森明菜の音楽1982-1991』『弱い者らが夕暮れて、さらに弱い者たたきよる』『〈きゅんメロ〉の法則』）。そして満を持して本書発表。売れるといいなぁ。そして2年後には還暦だ。

スペシャル対談　「広告代理店と私」

スージー鈴木
×ますだおかだ増田

スージー鈴木が尊敬する、ますだおかだ増田こと増田英彦氏とのスペシャル対談。広告代理店に勤務した経験を持つお２人に、当時のエピソードや、サラリーマンとして働くことで学んだこと、さらには会社で働きつつ自らの夢を追うことなどについて、たっぷりと語り合っていただいた。

撮影／尾崎篤志

漫才師になる夢はあったけど、自信も勇気もなかったから、サラリーマンになった。

鈴木（す）：増田さんは、そもそも広告代理店が第一志望だったんですか。

増田（ま）：いや多分、第一志望はテレビ局やったと思うんですよね。でも一発で落ちまして。で、広告代理店。それも電通さんとか、博報堂さんとかは受けてないんですよね。大手は大広《だいこう》だけでした。

す：この本のテーマは「会社員になっても、サブカルをあきらめない」。逆にいえば、就職するとそういうのを全部あきらめる人が多い中で、増田さんは就職する時点でお笑いのスターだったと聞いていますが、そんな増田さんを持ってしても、就職せずにお笑いでやっていこうという判断はなかったんですか？

ま：いや、それはなかったですね。漫才師になる夢はずっとあったんですけど、結局は自信も勇気もないから、4年生になって就職活動して内定もらってサラリーマンになろうとしてました。ただ、内定もらった後の学園祭で、最後の思い出作りとしてステージ立ってネタやったり司会やってるところを、たまたま松竹芸能の人が見に来てて、スカウトしてもらって。

す：スカウト！　でも大広に。

ま：はい。「大広のサラリーマンになること＝お笑いをあきらめること」ではなかったんですが、１

ますだおかだ増田

1970年2月9日生まれ、大阪府出身。O型。本名、増田英彦。岡田圭右と共にお笑いコンビ・ますだおかだを結成し、2002年に「M-1グランプリ」で優勝を果たす。「かんさい情報ネットten.」（読売テレビ系）のレギュラーなどTV番組のほか、「ますだおかだ増田のラジオハンター!」（朝日放送ラジオ）などに出演中。大卒後就職した広告代理店・大広では同期入社に、のちに俳優としてブレイクする佐々木蔵之介がいた。

人で行く勇気がなかったから。岡田（圭右）にね、断られてたんで。

す：結局、大広には何年いらしたんですか？

ま：9カ月です。92年4月に入社して、その年の8月に、僕と岡田の共通の友達が結婚式を挙げることになって。そのときに岡田が「仕事があんまり楽しくない」っていう話をしたんで、チャンスと思って「漫才師になろう」って言うたら、オッケーしてくれたんで、年内で辞めよかってなって。結局、僕は翌93年の1月14日に辞めて、岡田は1月いっぱいで辞めました。

す：お聞きしたいのは、サラリーマンやってるときに、漫才やりたいという炎が心の中で燃えてくるのに、どのように決着をつけたか。

ま：当時は、ちょっと漫才冬の時代でしてね。あと漫才というよりはコント全盛で。でも8月に漫才やることを決意したら、そこからの4カ月はもう会社に行っても漫才のことばっかり考えてましたね。「マーケティングルーム」っていう資料室があってね。そこで資料探してるふりしながら、漫才のネタ書いてました。同期の佐々木蔵之介も、マーケティングルーム来て、芝居の台本読んでたらしい（笑）。

す：みんな仕事してませんやん（笑）。

ま：「自分より年下の芸人が出始めているのに、俺何やってんねやろ」っていう自己嫌悪を感じていましたね。でも一方で、ちゃんと広告代理店の仕事はやろうとはしてたんですよ。でも、その営業の先輩の人のサブだったから、どうしても雑用的な仕事が多い。

す：読者の方もめっちゃ聞きたいのはその辺ですよ。

ま：大学時代、あんだけ好きなことガンガンやってきたのに、急に地味な作業ばっかり。楽しくないから、僕、部長に言うたんですよね。「飛び込み営業行かせてください！」って。そしたら部長に「うち（の会社）、飛び込みなんかやってへんわ！」って言われたんですが。

す：広告代理店は、実は飛び込み営業はあんまりないですからね。

ま：しかし、そこで出てくるのが『月刊タイガース』っていう雑誌（笑）。大広が買い取ってる広告枠が埋まってないということが判明しましてね。でも入社した92年いうたら、阪神がめちゃくちゃ盛り上がった年で、新庄（剛志）、亀山（努）が出てきて優勝しかけたんですよ。「チャンスや！」思って、『月刊タイガース』の空いてるスペースを売りに行ってきていいですかって部長に言うたら「ほな、根性試しに行ってこい！」って。行ったらびっくりされましたねえ、「大広さん、飛び込みですか!?」って（笑）。で、そのときに広告はひとつも取れなかったんですけど。

す：まぁ、難しいですよね。

ま：その流れで行ったのが、当時人気のＵＦＯキャッチャーの会社。「中に入ってるぬいぐるみが、阪神のいろんな選手やったら、ファンが喜ぶんちゃうか」って思って、提案したら乗り気で「大広さん、ぬいぐるみのデザインとかやってないんですか？」って言われて、新人で何も知らんくせに「もちろん出来ますよ！」って。じゃあってなったんですけど「でもね、予算10万ぐらいしかないんですけど……」って言われて「いやいや、全然やりますよ！」って。

す：うわー、ドキドキするわ（笑）。

ま：ほんなら「ぬいぐるみのデザインいくつか持ってきてもらえますかね？」って言われて、「分かりました」言うて、会社帰って部長に「新規取れそうです、ぬいぐるみのデザイン」。「いくらやねん？」て聞かれて「予算10万円です」って返したら「アホ！ プロダクションに出してデザインとかしてもろただけで、めちゃくちゃ赤字なるわ！」ってめっちゃ怒られまして（笑）。「どうすんねん、お前これ？」って言われて、うー ん……と考えて。で、制作局に同期が３人ぐらいおって、そのうちの１人の女の子のとこ行って「こんな感じのぬいぐるみのデザイン、５枚ぐらいパパッと描いてくれへん？」って言うたら、その日のうちに描いてくれて。次の日にまたその会社行って、「こんな感じですけれども……」ってプレゼンしたら、「おー、めちゃくちゃいいですね、さすが大広さん！」（笑）。「いや、うちのトップデザイナー使いましたわ」とか適当なこと言うて。「いいんですか、10万ですけど、ありがとうございます、ほんとこれ、ほんなら使わせてもらいます」って、商談成立。会社に帰って部長に、「部長決まりました！ 売上10万円、制作費０円。利益率１００パーセント！」ったら、部長が「まあ、それやったらええわ」って（笑）。

す：広告の仕事を全然やらなかったわけでもなく。日々の仕事もちょっと面白くしたいと考えていたということですね。

ま：そうですよね。まずは雑用から逃げたいっていうのが強かったんです。いちばん感性が鋭い、クリエイティブ能力が高い時期に雑用をやってるのはあかんやろ。感性がいい時期を逃してしまってる。そんで「さあ、いざ仕事全部任せるぞ」って言われたときには、そこそこ中堅になってしまっている……。

感性が鋭い、クリエイティブ能力が高い時期に雑用をやってるのはあかんやろ。

す：私は営業職じゃなくて、マーケティング職だったんですけれども。マーケティングって、調査して、エクセルでグラフ作ってプレゼンするっていう、どちらかといえば真面目な役割で、面白さがあんまり求められない職種だったんですけれども、何とか面白くしたいって、私も考えて。私は東大阪の生まれですが、大学から東京に来たときに、標準語でしゃべるようにしていたんですけど、発想を切り替えて、プレゼンとかを全部大阪弁でやるようにしてから、「お前、おもろいなぁ」って言われ始めて、少しずつ仕事がうまく進むようになりました。

ま：そうそう。雑用だからと自分を殺してあきらめるのではなく、自分の面白いと思ったことは工夫してチャレンジしないと、若い頃を無駄遣いしちゃいます。

す：会社辞めた日のこと覚えてますか？

ま：めちゃくちゃ覚えてますね。当時実家通いだったんで、会社から帰ってきて、辞めたことを初めてオヤジに言うたんですよね。オカンには言うてたんですけど。「今日、大広辞めたから。漫才師になる」ってオヤジに言うたら、「アホ、男は仕事、何回も変えるもんちゃうわ！」ってめっちゃ怒られたんですけど。でもオヤジも仕事、めっちゃ変えてたんですけどね（笑）。「漫才師なんか簡単になれるもんちゃうわ！」って、テレビ見ながら寝転んで言うてたオヤジの後ろ姿は強烈に覚えてますねぇ。

す：増田さんの場合は、M-1グランプリも獲ったし、お笑い界で成功した。でも、周りで失敗した人が山ほどいるわけですよね。

ま：成功か失敗かどうかっていうのは、もう本人が決める世界だと思ってるんで。僕はサラリーマンやめて漫才師になったときに決めたんですよね。「売れたとしても、売れてなかったとしても、もう漫才師になってお笑いの世界に入った瞬間、自分の人生は正解やと思おう」と。

す：私も博報堂に約30年勤めながら、それでもそれなりに思い切って早期退職して、書いてしゃべる仕事に飛び込みましたが、今、成功してるかどうかは別にして、正解だったとは胸を張って言えますね。というわけで、ちょっと前の私のように、他に何かやりたいことがありながら、会社員として働いている人たちがたくさんいると思うんです。彼ら、彼女らにぜひ一言、先輩からお願いします。

ま：あー、そうですね。今は、いかに仕事を楽しむか、人生楽しむかっていうのがいちばん大事な時代やと思うんすよね。めちゃくちゃ地位があっても、お金があっても、楽しめてなかったら、それって正解なんですかっていう時代だと思ってるんですよね。

す：給料は一応毎月入ってくるんだけれども、日々の仕事が楽しくないって悶々としているサラリーマンがいるとしたら……。なんて言うてあげますか？

ま：サラリーマンしながら、好きなことがやれる時代。会社から止められてたとしても、陰でコソコソやれる時代。やれるやれる。うん。だから、試せる期間がめちゃくちゃあるから。試せるだけ試して、「よっしゃ、これ本業で行けるぞ、本業で行きたい！」と思ったら、そっちに踏み出したらいいんじゃないかなって、思いますよね。

す：ひざ100回打ちますわ。

ま：サラリーマン辞めるときも「なんでやめんねん？」って、何か変なものを見るような扱いを受けたんですけど、どうもこの国はちょっと道から外れたら変な奴、やりたいことを我慢してる方が、まともだと思われる国です。だけど「だからこそやってみよう！」と言いたい。自分の正解を探したらいいんじゃないですか。成功か失敗かって、自分の人生ですからね。人生の成功、失敗を他人は評価できないですから。

す：やってもらいましょうね。本読んでる方、こんな本を手に取った方っていうのは、その時点でもう普通じゃないと思うから（笑）。今日はありがとうございました。それでは「閉店ガラガラ」！

自分の正解を探したらいいんじゃないですか。成功も失敗も、自分の人生ですからね。

サブカルサラリーマンになろう
人生《じんせい》をよくばる108の方法《ほうほう》

第1刷　2024年3月27日

著者　スージー鈴木

デザイン　キッドインク（石塚健太郎＋堀内菜月）
編　集　小林圭　桜木愛子　袴塚信彦
発行者　石川究
発　行　株式会社東京ニュース通信社
〒104-6224 東京都中央区晴海1-8-12
電話 03-6367-8015
発　売　株式会社講談社
〒112-8001 東京都文京区音羽2-12-21
電話 03-5395-3606
印刷・製本　株式会社シナノ

ISBN 978-4-06-535292-2